フレンチ、ナチュラル、ヴィンテージ…
おしゃれに暮らすアイデア

DIYでつくる
パリのインテリア

角野恵子｜森 聖加　著

　フランス人に人気の趣味ナンバーワンは、日曜大工なのだそう。「自宅にゲストを招いては『これは自分でつくったんだよ』『こんな工夫をしたんだよ』と、自慢話をするのもまた、私たちの伝統なんですよ」とは、ある日曜大工雑誌の編集長のはなし。買うよりつくるほうが安く済むというのも魅力のひとつだけれど、自分の手でわが家をつくることそのものが、彼らには大きな喜び。
「子供の頃から温めていたプランを、やっと実現したのよ！」と、DIYリノベーションしたばかりのキッチンで誇らしげだった人。「このランプシェード、バカンス中に自分で取り替えてみたの」と、エレガントなリビングをDIYで実現した人。スケールもテイストもさまざまに、ひとりひとり、自分に似合う家づくりを楽しんでいる。
　毎日を過ごす自分の家だからこそ、臆することなくトライ！　好きなカラーで壁をペイントするだけで暮らしは変わる。パリの人々が実践するDIYのアイデアをヒントに、あなた自身のDIYにチャレンジしてみよう！

CONTENTS

002 — はじめに

006 — パリの家には今すぐ真似したい
DIYのアイデアがいっぱい！

044 — 雑貨デザイナー　レティシアさんに教わる！
超カンタンDIY！

086 — パリで人気のペイントで学ぶ
カラーレッスン

124 — プチデコレーション・アイデア

CHAPTER 1
パリのDIYアイデア

010 — CASE 01
雑貨ディスプレイが映える白いアトリエ
（マリ＝クリスティーヌ・パヴォーヌさん）

022 — CASE 02
仲良し姉妹のアーティスティックなDIY
（ジュスティーヌ＆ペリーヌ・モワザンさん）

032 — CASE 03
ミックススタイルを楽しむ
クリエイターの家
（レティシア・ラゼルジュさん）

048 — CASE 04
色と照明を楽しむアートな家
（クリス・クラスさん）

058 — CASE 05
思い出と自然を感じるDIY
（パトリシア・アタール＝ジロさん）

068 — CASE 06
リユースでつくる
ヴィンテージ・インテリア
（フローランス・タッディジーヌさん）

078 — CASE 07
コンパクトな住まいのカラー計画
（ジェームズ・ジャクソンさん）

092 — CASE 08
ファブリックでアレンジ
マダムのDIY
（オードレイ・エルバさん）

100 — CASE 09
ソファの張り替えで完成！
くつろぎリビング
（マリー・ベルジュローさん）

108 — CASE 10
家族のDIYと友人の手づくりが
心地よく共存する家
（サビンヌ・ビュケ＝グルネさん）

116 — CASE 11
現代美術家の廃品リユース
（モニク・デュイザボさん）

126 — CASE 12
27㎡の子供部屋を大胆リノベーション
（ルイーズ・ボーンステンさん）

CHAPTER 2
お役立ち！　パリと日本のDIYショップ

134 — フランス編

138 — 日本編

STAFF
アートディレクション／川村哲司(atmosphere ltd.)
デザイン／古屋悦子(atmosphere ltd.)
DTP・イラスト／村上幸枝(Branch)
企画・編集／別府美絹(X-knowledge)

パリの家には今すぐ真似したい
DIYのアイデアがいっぱい！

中古住宅のリノベーションが当たり前のパリの家には、
DIYのアイデアがそこかしこに散りばめられている。
住まいをおしゃれに仕上げるとっておきのテクニック、今すぐ真似したい！

peinture
ペンキ塗り

パリのDIYの基本中の基本。壁のメンテナンスも兼ねられるし、塗り替えるだけで家を大きくイメージチェンジできる。パリっ子は大胆に原色を使うことも多く、子供部屋やキッチンは取り組みやすい。

bricolage avec du bois
木工

木工のいいところは、自分の住まいに合わせたぴったりサイズの家具がつくれるところ。難しく考えすぎないで、「ここに棚が欲しいな」と思ったら、ドリルとノコギリを片手に気軽に挑戦！

パリの人たちが実践するDIYの基本が、ここにあげた6つのワザ。なかでもインテリアに華やかさをプラスできる家具や壁のペイントは、もっとも多くの人が取り組んでいる。大胆なヴィヴィッドカラーを選んで、個性を際立たせるのがパリらしさ。

棚の取り付けは、収納のない古いアパルトマンでは必然的なこと。カーテンやソファなどのファブリックも、気分によって気軽に変えてしまう。ほかにも不用品のリユース、裁縫、照明のアレンジなど……自分らしい暮らしを実現するためには手間を惜しまない。おしゃれな住まい目指して、あなたもトライ！

récupération
不用品のリユース

知り合いから使わなくなった家具をもらうのはもちろん、時には捨ててあるものも再利用してしまうたくましさ！ 古いロッカーを靴箱にしたり、ワイン箱をテーブルにしたり、とアイデアはさまざま。

décors et textile
ファブリックのアレンジ

椅子やソファを張り替えたり、カーテンをつくったり。気分次第で手軽に模様替えできるのがいいところ。スローやカバーを多用して、インテリアの"重ね着"を楽しんで。

décores et lumière
照明のアレンジ

天井にシーリングライトをつけてハイ、おしまい、はNG。ひとつの部屋にいくつかの照明を配してあかりを楽しむのがパリジャン。コーナーに合わせた照明づかいは要チェック！

couture
裁縫

洋服はもちろん、クッションやカーテンなど、ミシンがなくても既製品に手縫いのワンポイントを加えれば、世界にひとつのオリジナルが出来上がり！ 裁縫で自分の世界観を表現するのは、まさにチープシックの原点。

J'adore faire moi-même !

パリのDIYアイデア

ペンキ塗りといったDIYの基本はもちろん、
独自のアイデアで自由に理想をカタチにしている
12組の住まい。それぞれの住まいのディテールと、
とっておきのアイデアをたっぷりと紹介！

D.I.Y.
CASE 01
Marie-Christine

雑貨ディスプレイが映える白いアトリエ

もとは3つの住戸を1住戸にするDIYを敢行。
白い空間にカラフルな雑貨が
映える住まいの完成！

PROFILE

マリー＝クリスティーヌ・
パヴォーヌさん

"ミルクの石"とよばれるカイゼン樹脂を使い、動物や植物をモチーフにしたアクセサリーをつくるクリエーター。
http://www.bijouxpavone.com

DATA

住まいの形態：アパルトマン
広　　さ：165㎡
間取り：1ベッドルーム、1リビング、1アトリエ ほか
居住人数：1人（＋猫）

リビングの一角の丸窓は、以前こ
こがバスルームだった名残り。
アーティストのアドリエらしく壁
はすべて白。ペンキはマットを使用。

1	
2	3

1.愛用のDIY道具。壁に穴をあけるのに使うドリルは、棚の取り付けを頻繁に行うので不可欠。2.カナダで見つけたクリスマスカードを、素朴な額に入れて。刺繍で描かれたイラストが、なんとも優しい雰囲気。3.玄関を入ってすぐの打ち合わせコーナーから、リビングを眺めたところ。現在のリビングエリアは、もともとは別のアパルトマンだった。

「30年ほど前の引っ越し当時は、ここは50㎡の小さなアパルトマンでした。お隣のアパルトマンが売りに出るたびに買い足して、現在は3世帯を1つにした形です。165㎡の広さがあるんですよ」と、マリー＝クリスティーヌさん。驚くことに、改装工事は専門業者に依頼せず、100% DIY。建具師のお父さんの力を借りて、コツコツと手づくりで完成させた。アクセサリークリエーターの彼女にとって、住まいづくりは純粋な楽しみ。時間がかかることも、プロのような仕上がりにならないことも、承知の上だから苦にはならない。

「何と言っても、低予算に抑えられることは大きな魅力です。工事もそうですが、住まいそのものも、最初から165㎡の物件を買う予算などありませんから！ 大変な作業もありましたが、自分にぴったりフィットする住まいが完成し、満足しています」
　もっとも大変だったのは壁を取り壊したり、古いバスタブを撤去したりしたときに出る、がれきの山の処分。区が指定する廃棄場所まで、何度往復したことか！ そんな当時の様子を写真に撮って保存しているのだから、マリー＝クリスティーヌさんは正真正銘のDIY好き。ホビー感覚で楽しんでいる。

厳選したタイルで
楽しげなキッチンに！

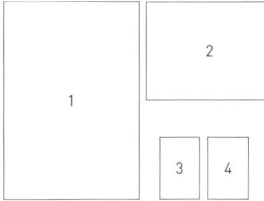

1.ダイニングテーブルからキッチンを見たところ。以前はここがバスルームだったという、面影を残す丸窓がチャーミング。2.隣接していたアパルトマンを買い取ってつくったベッドルーム。奥の扉の向こうに、ベッドルーム専用のシャワールームがある。3.ベッドルーム奥のシャワールーム。タイル貼りからシャワーボックスの設置、洗面台の設置など、すべてがDIY。4.シャワールームの洗面台周辺の壁は、高級素材のマザーシェル。アクセサリー素材として販売されているものをタイルとして使用。

 キッチンとバスルームは こだわりのタイルを貼る

キッチンやバスルームなど、タイルの色づかいが美しいのも、マリー＝クリスティーヌさんの住まいの特徴。壁をすべて白に統一しているので、タイル選びはパターンを吟味し、思い切り冒険してにぎやかに。

隣接していたアパルトマンを買い取って改造したキッチン。もともとバスルームとリビングだった場所の壁を取り壊し、仕切りのないキッチンとダイニングルームに。

Description

01 ブルターニュ地方のタイル工場で購入した3色づかいのかわいいタイル(中央)。これに合う色としてエンジ、ブルー、白と並べて相性を確認。

02 専用の接着剤を使ってタイルを貼る。部屋の入り口からスタートし、順に貼り進める。床は前もってコンクリートでフラットに整えておく。

03 目地詰めをして完成。マルチカラーにタイルを貼った物置とキッチンの境目は、エンジのタイルを並べてたたき風に。汚れやすいキッチンのワークトップの壁には、ブルーと白のタイルを市松模様に配置。

▶ BEFORE ◀

扉を開けるとまずウォークインクロゼット、奥に小さなバスタブと洗面台、トイレがあった。2つのスペースをひと続きにして今の広さに。タイルは元は緑色。

大きな窓の設置、床のスレート貼り、洗面台やバスタブの取り付け、すべてDIY。壁には動物モチーフが描かれたタイルをランダムに貼って。

🖌 Description

01 まずはイラスト入りタイルを実寸大にコピーして、コピーした紙を壁に貼って配置のバランスを確認。残りの部分に白いタイルを貼る。

02 思い描いたとおりの仕上がりに。高級タイルを数枚だけ使いたいときや、見切り品を見つけたときなどに真似したいアイデア。

バスルームの飾り棚は、小さいサイズながらも工夫がいっぱいの、お父さんの力作！ 細かいオブジェを魅力的に陳列できる。

IDEA 02

奥行き5cm！ 雑貨が映える ディスプレイ棚

窓があったり、ラジエーターがじゃまだったり……収納家具を置く場所がないのがこのアパルトマンの悩み。DIYでぴったりサイズの棚をつくったおかげで、見た目スッキリ。奥行きは飾るものの大きさに合わせて。

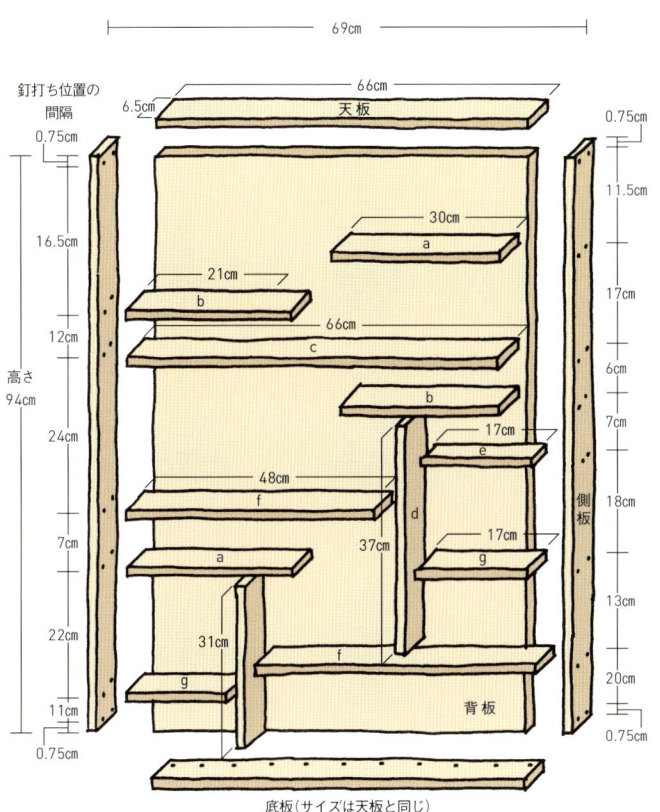

同じアルファベットのついた棚板のサイズは同じ。天板、底板、背板の板厚は1.5cm、棚板の板厚は1cm。棚板の奥行きは5cm、eのみ3cm。棚板の長さを変えてランダムに組むことで、動きをつけた楽しい棚。

① ラジエーターの奥行きに合わせた棚

ラジエーターの奥行きに合わせて棚のサイズを決定。奥行きの浅い棚は雑貨を飾るのにぴったり。コレクションしているクマのぬいぐるみや動物型ブラシなどを飾って。少ない仕切りでゆったり見せる。

② 窓からの光を遮らない薄型サイズ

自作アクセサリー陳列用の棚は、窓の脇の壁幅に合わせたサイズ。棚の上には白い動物オブジェだけを飾り、すっきりした印象に。下の棚には、フランスでは珍しい引き戸を取り付け目隠しした。

お父さんと一緒に張った床。不ぞろいだったり、ゆがんでいたりするところもDIYらしくご愛嬌。

IDEA 03
アニマルモチーフで白い空間をカラフルに

「動物や植物、自然が大好きなんです。そのせいで動物のオブジェが集まってしまう。まるで磁石で引き寄せるように」と、マリー＝クリスティーヌさん。大切なアイテムは生活の場に飾って、日常を明るく、味わい深く。

①

②

③

①
のみの市めぐりの戦利品をキッチンに

照明代わりに天井に取り付けた動物のオブジェは、パリ郊外のシャトゥー市で開催される骨董市にて購入。白い食器棚ものみの市で。元は重い印象の木目だったので白にペイントした。

②
バスルームは鳥たちの楽園！

バスルームはタイルの壁と合わせてカラフルな鳥をディスプレイ。鳥かごデザインの照明は、のみの市で購入したもの。窓辺には造花のみかんの鉢植えを置き、ディスプレイ用のインコを2羽プラス。

③
冷蔵庫のマグネットもアニマルモチーフ

フランス家庭の冷蔵庫にはマグネットがつきもの。アルファベットのものが一般的だが、マリー＝クリスティーヌさんはやっぱりアニマルモチーフ。のみの市で見つけたり、友人からもらったり。

④

色味をそろえてコーナーを彩る

リビングの棚の上は、お気に入りの動物オブジェを飾るスペース。友人がプレゼントしてくれた水玉模様の猫、ケベック旅行中に見つけた赤い馬のオブジェなど、ひとつひとつに大切な思い出が。造花を混ぜて飾るのも、マリー＝クリスティーヌさんの好きなテクニック。丸窓に飾った猫のオブジェはフランスの伝統的なガーデニング道具で、サクランボの木の枝にくくり付け、小鳥たちがついばみにくるのを防ぐもの。

動物たちのユーモラスな表情とカラフルな色づかいが魅力のマリー＝クリスティーヌさんの作品。

D.I.Y.
CASE 02
Justine & Perrine

仲良し姉妹の
アーティスティックなDIY

賃貸中のロフトに自ら手を加えて、
大好きなオレンジとピンクで彩る
アトリエを完成

PROFILE

ジュスティーヌ・モワザンさん(左)
ペリーヌ・モワザンさん(右)

クリエーターユニット「ウィスティティ」として、
2012年から活動。デザインのほかに、イベント
演出も手がける。
http://www.ouistiti-paris.com

DATA

住まいの形態：一戸建て住宅
広　さ：125㎡
間取り：1ベッドルーム、
　　　　1リビング、1ダイ
　　　　ニングほか
居住人数：2人

リビングからベッドルームのメゾネットへ上がる、階段兼ロッカーに座る二人。上がジュスティーヌさん、下がペリーヌさん。

クリエーターのジュスティーヌさんが、モンマルトルの丘から郊外のモントルイユに引っ越したのは2年前。制作活動のできるスペースを求めてのことだった。「この界隈はアーティスト向けのロフトがたくさんあります。このロフトはもともとガレージだったものを、オーナーがDIYで改装したと聞きました。つくりがユニークでしょう？」と、ジュスティーヌさん。パートナーのフランソワさんと2人暮らしをしながら、毎日通って来る妹のペリーヌさんと一緒に、ここで制作活動をしている。

制作活動の現場は、メゾネットにつくったアトリエ。以前は薄暗い納戸だった。「改装すれば、独立したアトリエになるのにもったいない、と気づいたんです。オーナーに相談すると快くOKしてもらえたので、父に相談し、DIY計画がスタートしました」

壁を塗り替えたり、床にリノリウムを張ったりといった大きな作業はもちろん、持ち前のアイデアを発揮して、既製品の家具を転用したり、カスタマイズしたり。その甲斐あって、予算を抑えながらもかわいさを兼ね備えたアトリエスペースが完成！

「古いものを大切に使って、ものを簡単に捨てないよう、しつけてもらったおかげかもしれませんね」

1 アトリエづくりに全面協力してくれたパパ！ 階段をつくっているところ。家具づくりも床のリノリウム張りも、パパのおかげで完成。2 パパの力作、収納キャビネット。目的の用途にあったものを、予算内で見つけるのは不可能。そこでパパが一肌脱ぐことに。3 壁のあちこちに配されたボックスはオーナーのDIY。収納にもディスプレイにも便利なすぐれものなので、フル活用している。

アトリエのそれぞれの定位置で、作業をする2人。ジュスティーヌさんの好きな色、オレンジとピンクがあちこちに。

IDEA 01

キャンバスと紙でつくる手づくりアート

白いキャンバスに、花の形にカットした白い紙を貼り付けたら、キュートなパネルアートが完成！「キャンバスと絵の具を買って来て、好きな色を選んで全体を1色に塗るだけでも素敵ですよ」

カルク紙をフリーハンドでカットしてピンで留めるだけ。キャンバスに映しだされたカルク紙の影が、日によって変わって、キレイ。

Tools

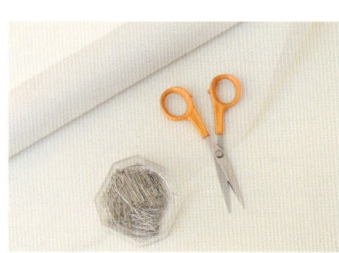

- キャンバス（油絵用）好みの大きさで
- ハサミ（手芸用）
- 虫ピン
- カルク紙（又はトレーシングペーパー）

Description

01 カルク紙（トレーシングペーパー）を適当なサイズの四角に切る。

02 1の紙を数枚重ね、フリーハンドで花の形に切り抜く。

03 2の花の中央に虫ピンを刺す。花は2、3枚重ねても良い。

04

3をキャンバスの上にランダムに刺す。全体のバランスを見ながら仕上げる。

①

②

①
色＋柄でかわいく
キャンバスアート

画材店で縦長のキャンバスを購入し、1枚は3色にベタ塗りして文字を書き込み、もう1枚はハンドペイントで花柄に。2枚並べて飾ったときの相乗効果を計算してつくると、インパクトもアップ。

②
和紙＋ペイントで
カラフル掛け軸

和紙風の紙を購入し、ひたすらフリーハンドでペイント。着物の反物からヒントを得たオリジナル掛け軸は、水墨画風に1色の絵の具を使い、濃淡だけで表情を出したところがこだわり。

ペリーヌさんが子供の頃につくった段ボール製のカメラと王冠。幼い頃から2人は手づくり好き。

IDEA 02

ビタミンカラーがアクセント。明るい作業空間をつくる

もともとあった小さなシンクは取り外し、大きな置き型の洗面ボウルにチェンジ。まわりをタイル貼りにして、水まわり全体をセルフリフォーム。「ペイントなど作業に欠かせないコーナーが、きれいになって快適です」

天窓からの光が心地よいシンクまわり。壁の向こうは納戸で、踏み台に登って小窓から行き来する。

IKEAのキャビネットをカスタマイズ

シンク下のキャビネットは「IKEA」のもの。天板にオレンジ色のタイルを貼っただけで印象ががらりと変わった。水栓金具は気に入ったものがなかったので、ガーデン用のものを採用。

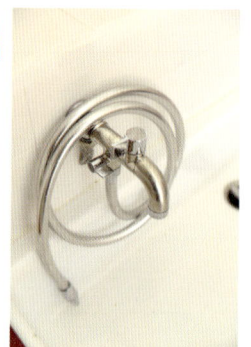

Tools

・タイル（ここでは白とオレンジの
　2色）場所に合わせて必要な枚数
・目地材
・接着剤
・シリコン
・ガムテープ
・水栓金具
・配管パイプ
・洗面ボウル（陶製シンク）

Description

01

壁とキャビネットのトップに、専用の接着剤を塗り広げ、タイルを貼っていく。貼る側のタイルにも接着材を塗布すると貼りやすい。

02
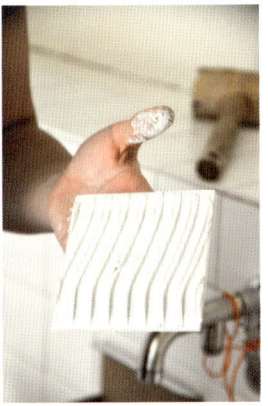 

タイルをすべて貼り終わったら、目地詰めをする。乾いたら、濡れふきんで目地をふきとる。

03
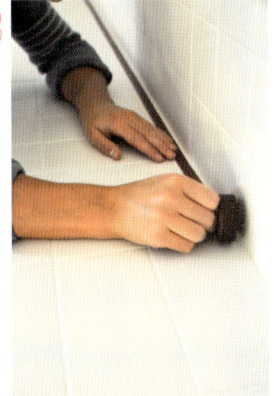

壁と棚を固定するためにシリコンでジョイントする。まずガムテープで上下をマスキングする。

04

マスキングした上下のガムテープの間にシリコンを付け、乾いたらガムテープを取る。

05

洗面ボウルを設置し、水栓金具を付けて配管を行う。

IDEA 03 ウレタンを重ねた即席ソファ

　もともとは、オーナーが置きっぱなしにしていたウレタンのマットレス。いい置き場所がなかったので、そのままリビングの壁際に置いていた。ある日、「いくつか積み重ねればソファになる！」とひらめいた、偶然のアイデア。

カバーも切りっぱなし布をかぶせただけ

オーナーのお古のウレタンのマットレスのほかに、新しく3枚を購入。合計4枚を積み重ね、それぞれを布で覆いソファ風にアレンジ。カバーに使っている布も、計り売りのものを切りっぱなしのまま使用。時間ができたらソーイングをする予定。客用ベッドとしても使える。

IDEA 04 天井に付けるだけ。簡単ハンガーラック

　メゾネットの上階にあるベッドルームは天井が低く、屋根の下がった部分はデッドスペースになりがち。そこで、斜めになった天井に収納用のバーを取り付け、ミニドレッシングコーナーとして有効活用中！

デッドスペースもこの通り！

キッチンツールの収納用のバーを購入し、斜めになった天井に設置。お気に入りのワンピースをショップのようにディスプレイ。見せる収納として、ハンガーをそろえることも重要。洋服が一目瞭然に見える収納は、しまい込んでしまって忘れる心配がないところも気に入っている。

IDEA 05

廃棄物を出さない！再生アイデアあれこれ

「両親の影響で古いものを長く愛用する習慣がついています」と、ジュスティーヌさん。子供時代の勉強机は両親がフリーマーケットで見つけたダイニングテーブル。現在も作業机として活用中。リユースをおしゃれに実践！

① 中古のキャビネットは白くペイント

フリーマーケットで購入する家具は、安さが魅力。その分汚れていたり、壊れていたりもするので、リメイクは必須。写真のキャビネットも白くペイントし、これから部品を付け替えるところ。

② 壊れた椅子をオブジェに

パリの路上で拾った、壊れた椅子。ベッドルームの天井が低くなった場所に置いて、白ウサギのオブジェ、赤い造花、赤いウクレレとともにインスタレーション。デッドスペースが活き活きとなる。

③ 昔は自分のデスク、今は彼の作業台

子供時代、ジュスティーヌさんがデスクとして使っていたテーブル。両親が田舎のフリーマーケットで購入した。現在はリビング隣のスペースに置いて、主に彼がサーフボードの手入れに活用。

④ マルシェのケースは古新聞入れ

彼がサーフボードの手入れをするときに使う古新聞を入れているのは、マルシェで回収した野菜や果物の空きケース。ケースは暖炉用の薪の収納としても利用。ゴミにするなんてもったいない！

D.I.Y.
CASE 03
Lætitia

ミックススタイルを楽しむ
クリエイターの家

―

リビングルームに、キッチンに、
クリエイティブなアイデア満載の
ポップで、キュートなDIY

PROFILE

レティシア・ラゼルジュさん

雑貨デザイナー、クリエーター。オリジナルグッズの制作販売のほか、不定期にDIYのアトリエも開催する。参加者は子供からお年寄りと幅広い。左はパートナーのヴァンサンさんと愛猫ザジ。
http://www.vertcerise.com

DATA

住まいの形態：一戸建て住宅
広　さ：200㎡
間取り：1ベッドルーム、
　　　　1リビング、2ワーク
　　　　スペースほか
居住人数：2人

元気な赤をキッチンに。ペイントには「FARROW & BALL」のペンキを使用。ステンレス製の棚と、白木の作業台は「IKEA」。

「今この家は一戸建て住宅の形をしていますが、私たちが引っ越してきた時は3つの住戸に分かれていました。プロの手を借りながら壁を取り壊し、DIYで床を張り直して、現在の形にしたんですよ」と、クリエーターのレティシアさん。パートナーのヴァンサンさんと一緒に、6年越しでDIYを続行中！

6年間で一番大掛かりだったDIYは、リビング・ダイニングづくり。分厚い壁を取り壊し、広いスペースをつくるのは一苦労。床はヴァンサンさんのこだわりで素人向けの簡易システムを使わず、本格的なフローリングを実現！ ハンマーを打ち付ける作業が続き、かなり大変だったとか。「そんな経験もまるごと、今では良い思い出です。私たちにとって、DIYはちょっとしたものを手づくりしたり、料理をしたりするのと同じ感覚。時間がかかって当たり前というスタンスで、暮らしながらDIYをしています」

照明はフリーマーケットで購入したものやデザイナーものをいくつも点在させてムーディーに。そろいのもので統一しないのがレティシアさん流。照明と同じように椅子も、形や色の違うものを寄せ集めて使い、自由な雰囲気を演出している。ミックススタイルだからこそ可能な、オリジナル空間だ。

1.バスルームの洗面台は、ヴィンテージ家具を転用したもの。キャビネットの一部に穴をあけて、配管スペースを確保した。2.リビングの壁のディスプレイには、ギャラリーで使用されているピクチャーハンガーを採用。額の高さ調節が自由自在。

| 1 | 2 |

1.部屋の中央を走る太い梁から、3世帯に分かれていたという以前の状態が感じ取れるリビング。奥の壁の色を変えて奥行きを演出している。2.2階の客間兼ドレッシングルーム。お隣にあるアトリエ同様に、全体を白で統一。デスクも自分でペイント。

電気コードと棚は虹をイメージしてひとつひとつ色違いに。ペンダント照明は「ツェツェ」、カラフルな棚は「IKEA」。

IDEA

01 照明の複数づかいで多彩なムードを演出

小さな照明をいくつも使うことで、楽しさやムーディーな雰囲気の演出が可能に。同じシリーズのものを色違いで並べて、また、まったくデザインの違うものをひとまとめにして。インテリアのおしゃれ度がぐっとアップ！

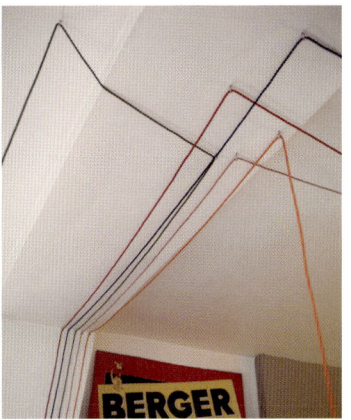

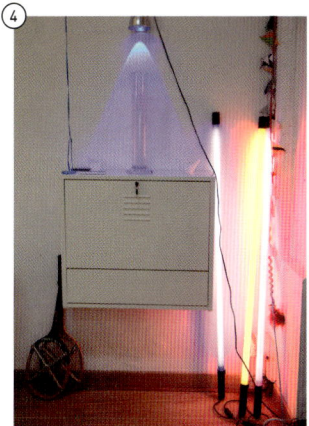

①
柄違いを2つ、高さを変えて

レティシアさんがクリエーションに協力している子供グッズのブランド「プチパン」の照明。柄違いを2個、高さを変えてセット。
http://www.petitzebre.com/marque/petit-pan

②
古いランプを4台並列に

のみの市やガレージセールで購入した古いランプを、4台まとめてリビングに。一番右、スクエアタイプのランプシェードは、ヴァンサンさんのお母さんが張り替えてくれた。

③
照明のコードもカラフルに

「ツェツェ」のペンダントライトを購入し、それぞれのランプシェードの色に合わせたコードを装着。壁や天井を伝う電気コードまでも、ルームアクセサリーの一部にしてしまうというワザ。

④
カラー蛍光灯を無造作に立てて

むき出しのカラー蛍光灯照明を3本、部屋の隅に無造作に立てただけのアレンジ。ペンダントランプの電球もカラーにして、ちょっとサイケデリックな演出のコーナー。白いキャビネットは「IKEA」。

IDEA 02 カラフルなパターンでにぎやかリビングに

色と柄が混ざりあうハイセンスな一角は、広いリビングの中のワンコーナー。個性的な壁の柄と相まって、ヴィンテージ家具が効果的に映える。壁紙は同じパターンの色違いを2色張り合わせるという大胆アイデア。

ブルー系とイエロー系、2色の壁紙を使ったリビングのワンコーナー。絵柄は同じ。

布物でソファをカスタマイズ

ニューヨークののみの市で購入した、手編みのブランケット。1枚は、使い込んだソファを覆ってカバーに、もう1枚は別のソファの上に掛けてスローとして使っている。

IDEA 03 カーテンオーナメントと空色ベッドリネン

カーテンやシーツを手づくりするのは大変だけど、市販のもののカスタマイズなら手軽。カーテンに手づくりオーナメントを付けたり、白いベッドリネンを好きな色に染めたり。一工夫で、世界にひとつのオリジナルに。

① 窓辺を彩るオーナメント

白いアトリエを飾る星形のオーナメントは、古雑誌を再利用して簡単に手づくり。雑誌のページを1.5cm幅にカットし、くるくるっと丸めて立体的に仕上げ、針でビニールテープを通してつなげる。

② 白いベッドリネンをDIYでカスタマイズ

清々しいブルーのラインが効いたベッドリネン。気に入った色の染め粉をお湯に溶かして準備し、市販の布団カバーと枕カバーの先端だけを浸す。絞ってから洗い、乾かせば出来上がり。

IDEA 04

本格クックトップ+ IKEA製品でアレンジ

キッチンの主役は、料理好きの夫が選んだプロ御用達の一体型オーブンコンロ。パーツは「IKEA」でそろえて予算をセーブ。シルバーの「ツェツェ」の食器棚がアクセント。壁の一部は赤や黒板塗料でペイントして楽しく。

① 料理好きには こだわりのコンロを!

調理コンロは「ファルコン」のもので、料理好きなヴァンサンさんへの誕生日プレゼントとして購入。それ以外は「IKEA」。角の部分をシンクにして、三角形に残ったコーナーを調味料やカラフェ置き場に。

② 壁面は見て美しく 使って機能的に

気になる照明のコードも、クリップでポストカードや写真を留めれば楽しいディスプレイに。壁に取り付けたステンレスの棚は「IKEA」。S字フックを使って吊るす収納を兼ねている。

③ IKEAをフル活用 オリジナルキッチン

引き出しと棚の付いた収納力のある作業テーブルと、調味料や雑穀類を入れたガラスの引き出しは、共に「IKEA」。作業テーブルの一部に液晶画面を内蔵し、レシピを見られるつくりにした。

④ 壁を取り壊して オープンキッチンに

廊下から見たところ。左が玄関、右がキッチン。廊下側の壁をすべて取り壊してオープンキッチンにする予定なので、現時点ではキッチンの入り口は作業途中。まだまだDIYは続く!

キッチンのテーブルと椅子は、あえてバラバラなものを。同じシリーズでまとめないところに、個性がキラリと光っている。

IDEA

05 布と紙と石でつくる ディスプレイグッズ

レティシアさんの仕事場は、小さなDIYの宝庫！ 2階のアトリエをのぞくと、部屋のあちこちに、気の利いたDIYがたっぷり。のみの市で見つけたハギレや、旅先から持ち帰った石を利用して。

① リボンやボタンを額に並べて

壁に飾った白い額の中には、コレクションしているアンティークのリボンやボタンの見本を並べて、標本のようにディスプレイ。季節によって色柄を変えても。見て楽しめる収納術でもある。

② 小さくてかわいい簡単ガーランド

色のついた面を外側にして紙を2枚重ね、紙の中心を通るようにミシン縫い。適当な所で紙を挟んで縫う、を繰り返せば、ミシン糸がくさり編み状の紐になって紙がつながる。紙は好きな物を選んで。

③ 折り紙のチョウを標本として

標本箱を購入し、本物の虫の代わりに折り紙の蝶々をピンで留めて。いろいろな和紙を使って、カラフルに彩りよくアレンジするのがポイント。蝶々以外のモチーフにも応用できる。

④ 小石にペイントでオリジナルオブジェ

バカンス先などから持ち帰る小石も、マーカーでペイントすれば素敵なオブジェに変身。ドットやボーダー柄など思いのままに描いて。中央のロボットはレティシアさんが厚紙でつくったもの。

IDEA 06

無地のTシャツをカスタマイズ

白いTシャツにポケットを付けて、オリジナルTシャツに。ポケットは気に入ったハギレを活用。このカスタマイズTシャツのアトリエを開催したところ、11歳の男の子からおじいちゃんまで、幅広い参加者があったそう。

親子ペアで、布を変えて、バリエーションは無限！

Tools

- 白いTシャツ（写真は子供用）
- まち針
- お気に入りの布
- 糸
- 針
- ハサミ
- チャコペン
- ポケット用の型紙
  （厚紙を好みの大きさに切り抜いたもの）
- アイロン

Description

01 型紙に沿ってチャコペンで線つけ。線の1cm外側を裁断。

02 生地の裏側に線を折ってアイロンがけ。上辺は2回折り返す。

03 ポケットの上辺のみを半返し縫いする。

04 まち針で3カ所、Tシャツの好みの場所にポケットをとめる。

05 ポケットの上辺以外を並縫いする。

06 出来上がり。ポケットの布を替えればいろいろな表情に。

Laetitia's DIY lesson

\雑貨デザイナー
レティシアさんに教わる!/

超 カンタンDIY！

P.32で素敵な一軒家暮らしを見せてくれた
レティシアさんが提案する、
手軽なDIYアイデア6つ。今すぐトライ！

刺繍のノート

　市販のノートやメモ帳に刺繍でワンポイントをつけるだけ。細かいステッチはせずに、点から点へとシンプルに糸を通す。贈り物にも最適。

Description

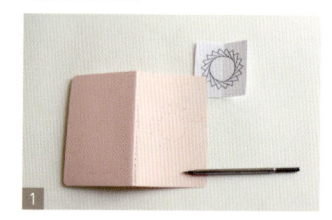

1 モチーフを描いた紙をノートの表紙にのせ、刺繍糸で縫い止めるべき点の上をキリで刺して穴をあける。

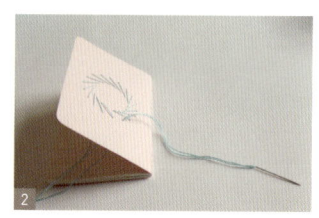

2 気に入った色の刺繍糸を針に付け、ノート表紙の裏側から穴に通しつつ縫い止めていく。最後に表紙裏に玉止めする。

Tools

- ノート
  （モレスキンの3冊入りがおすすめ）
- 刺繍糸
- ハサミ
- キリ
- 針
- 台紙、モチーフの手本（必要であれば）

小石のオブジェ

　バカンス先からつい持ち帰ってしまう小石。ワンポイントのイラストを入れれば、ペーパーウェイトやオブジェとして使える。

Description

1 油性ペンで小石ひとつひとつに絵を描く。そのまま飾ってもよし、ペーパーウェイトにしてもよし。**2** 神経衰弱のように遊ぶことも。

プラントハンガー

「アトリエにグリーンを置きたいけれど、スペースがなくて……」と思いついた植物のハンガー。好きな紐を使って、窓辺を気軽にグリーンで飾って。

Tools

- 紐（麻紐ほか、ジャージ素材の
  リサイクル紐など）
  5m×5本、40cm×1本
- ハサミ
- 植木鉢×2個

Description

1
5mの紐5本を束ねて半分に折り、紐の長さの真ん中にあたる部分を写真のように結ぶ。数回結ぶと良い。

2
紐を2本組みに取り分け、分けた2本をそれぞれ20cm間隔で片結びにする。5組の紐ができる。

3
1組目と2組目から1本ずつ紐を取り、片結びにする。同じ作業を繰り返す。結び目の間隔が広いほど、大きな鉢をセットできる。

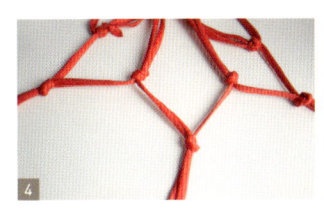

4
植木鉢の下に来る部分は結び目の間隔を狭める。植木鉢を編んだ紐の中にセットし、すべての紐を下でひとつに結ぶ。最後に鉢の下の結び目を40cmの紐で巻いて整える。フリンジになる部分はハサミで切ってそろえる。

Laetitia's DIY lesson

クッションの
レースペインティング

モロッコ旅行の際にスーク(市場)で見つけたメヘンディ(ボディペインティング)の型紙。「これでシーツをアレンジしよう！」とひらめいて、買いだめをした結果がこちら。

Tools
- クッションカバー
- メヘンディの型紙
- 布用マーカー
- オーブンペーパー

Description

1 クッションカバーの内側に白い紙を入れる。絶対に必要ではないが、色移りを防ぐ安心のため。

2 メヘンディの型紙をクッションカバーに貼る。(ステッカータイプの型紙ではない場合は、糊でクッションに貼り付ける)

3 型紙の上からマーカーで色を塗り、約1時間後に型紙をはがす。ペーパーを当ててアイロンをかけ、熱で色を定着させる。

思い出写真のランプ

木箱に窓をつくり、ポジフィルムをセットして、中に豆電球であかりを灯すランタンのような照明。後ろにスイッチを付けて。

Tools
- 木箱
- ポジフィルム(スライド写真)
- スイッチ
- ケース取り付け用DCジャック
- LED豆電球
- 電線
- リード線付きソケット
- グルーガン
- ハンダ、ハンダゴテ
- 絶縁用テープ(黒)
- 電動カッター
- ACアダプタ(12V)

Description

1 電動カッターを使って木箱の1面を切り取り、ポジフィルムよりも小さい窓をつくる。絶縁用テープで蓋の裏側からポジフィルムを貼る。

2 木箱の背面となる部分に穴を2つあける。DCジャック、スイッチを穴に取り付ける。リード線付きソケットの線をそれぞれにつなげる。ソケットには豆電球を取り付けておく。

3 スイッチとDCジャックは電線でつなぐ(ハンダを使用)。電球は箱中央にくるようリード線をグルーガンで固定。ジャックにACアダプタを差し込み、スイッチオン！

自転車スタンプのTシャツ

ニューヨークで買ったスタンプを使ってTシャツをアレンジ。スタンプは消しゴムを使って自分でつくっても。テーブルクロスやカーテンなどにも応用できるアイデア。

Tools

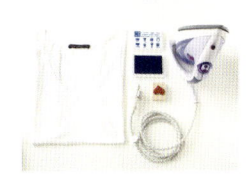

- Tシャツ　1枚
- スタンプ
  （好きな絵柄でOK）
- 布用スタンプ台
- アイロン

Description

1 インクをつけて、Tシャツにスタンプを押す。裏移りしないよう、Tシャツの中に紙を敷く。

2 Tシャツのふちにスタンプを押す場合は、テーブルにインクが付かないよう、敷いている紙ではみ出す部分をカバー。

3 布用スタンプ台の説明書を確認して、説明に従いアイロンをかける。当て布をするか、オーブンペーパーで覆うと安心。

かわいい
アイデア満載

レティシアさんの本

レティシアさんと仲良しクリエーター2人の共著、DO IT YVETTE（ドゥーイット・イヴェット）は、おしゃれなDIYハンドブック。マスキングテープが付いた Jeux de Papier（紙遊び）は子供向けキット。

DIYのイベントも開催。パリ旅行の際はチェックを！
http://www.doityvette.fr

D.I.Y.
CASE 04
Chris

色と照明を楽しむアートな家

ショッキングブルーにフランボワーズ
大胆な壁色で
住空間をドラマチックに演出

PROFILE

クリス・クラスさん

画家。アンティーク家具や絵画の修復技術者として、木目調や大理石調のペインティングを長年手がけた経験を持つ。11区のアトリエが拠点。
http://www.chrisclaisse.com

DATA

住まいの形態：アパルトマン
広　さ：100㎡
間取り：1ベッドルーム、
　　　　1リビング、玄関／
　　　　デスクフロアほか
居住人数：2人

玄関のドアを開けると、このデスクフロアが目の前に。以前はダイニングルームとして使用していた。壁には「フラマン」のペンキを使用。

| 1 | 2 |

20年以上前、このアパルトマンを購入した際の大工事の記念写真。配管以外はDIYで工事。3世帯分の壁を取り壊し、現在の状態に。

1.ヴァイオレットを基調としたダイニング。本棚兼食器棚も、棚板の部分だけスミレ色にペイントされている。2.アンティーク商の父親から譲り受けたキャビネット上は、ラム酒のボトル、貝殻など好きなものを置くコーナー。オレンジ色の抽象画はクリスさんの作品。

050

画家のクリスさんは、パートナーと愛犬ブルー君との2人＋1匹暮らし。20年前の引っ越しの際、当時3住戸に分かれていたスタジオを1戸にリノベートして、現在の住まいを完成させた。壁を取り壊し、部屋のレイアウトを変える大工事だったが、配管以外はすべてDIYで実行した本格派。
「アンティーク商の父の影響と、色と素材に対する私のこだわりが、この家の中でひとつになりました」と、クリスさん。
　室内のペイントはつい最近新しくしたばかり。玄関フロアの壁を鮮やかなショッキングブルーに、ダイニングルームは落ち着いたスミレ色に。寝室はヴィヴィッドなフランボワーズ色に塗り替えた。画家なだけに、ペイントはお手のもの。
「コンパクトな玄関フロアに強烈な色はどうかな、と迷いましたが、結果的には空間が明るく元気な印象になり満足しています。人はどうしても他人の目を気にして、自分の趣味をためらってしまう。でも、ここは自分の家。そう割り切って自分本意にインテリアをつくるほど、"心地いいね""個性的だね"と言われるものですよ。壁色選びのポイントは、自分の気持ちを優先すること、だと思います」

強烈すぎるかと躊躇したブルーの壁色には、小さなスペースを明るくする効果があると実感。このスペースの玄関ドア側は、オリーブ色でペイント。ペンキはどちらも「フラマン」で購入。アーチ型のニッチは、昔の薪ストーブ置き場の名残り。壁の絵画はどれもクリスさんの作品。

IDEA 01 壁の塗り替えでイメーチェンジ！

　思い切った壁色選びをするクリスさんのこだわりは、マットペンキを選ぶこと。やわらかい質感の美しさがお気に入り。「寝室などコンパクトな部屋にヴィヴィッドカラーを使い、広いリビングは中間色を選ぶのがコツ」

目指すはヴェネチアの重厚感

ベッドルームの壁のペンキは、「FARROW & BALL」のフランボワーズ。照明の陰影を計算してマットペンキを選んだ。ベッド両脇の照明は「ファイアンスリ・ド・シャロル」。ベッドカバーとクッションはパトリック・フレイのデザイン。

家具は棚板だけペイント

棚板の部分だけスミレ色にペイントした、ダイニングルームの本棚。次回古い家具をリメイクするときには、これと同様にペイントをしてそろえようと考えている。

IDEA 02

安くても高級感満点！
たっぷりづかいのカーテン

ダイニングルームとリビングのカーテンは、布の専門店「マルシェ・サンピエール」で生地を購入し、手づくりしたもの。シルクタフタに見えるが実はポリエステル。分量をたっぷりとることで高級感を出している。

① 床にドレープが できるくらいたっぷり

光沢が美しいカーテンはポリエステル素材なので値段が安く、家庭で洗濯も可能。窓にかかる部分も床を引きずる部分も、ドレープをたっぷりと。ダイニングの青いカーテンも同素材。

② 玄関ルームは カルヴァンの麻素材

「カルヴァン」で購入したカーテンレールとカーテン。カーテン生地は縫わずダブルにして好みの長さに調節し、クリップではさんで吊るすタイプ。「IKEA」等に同様のシステムがあり、安く真似できる。

IDEA 03　簡単！　ソファの イメージチェンジ術

傷みが目立ってきたリビングのソファ。張り替えを待つ間、麻のシーツで覆ってプチメイク。「ソファの張り替えには良い布を選びたいので、毎回高額になってしまうのが悩み。こうしておけばしばらくしのげます」

ビスケットカラーにペイントした壁は、一部だけが白。この部分にプロジェクターを映写して、スクリーンとして使用している。

ソファの布選び 失敗しないポイント

1.「マニュエル・カノヴァス」のテキスタイルで張ったソファ。古くなった部分に各種サンプルを置き、気に入ったものを選ぶ。2. 15種類の候補の中から、「ルリエーブル」のジャン=ポール・ゴルチエキルトに決定！ 張り替えには1カ月ほど必要。3. ライフスタイルのセレクトショップ、「メルシー」のオリジナルリネンシーツ。広いカラーバリエーションの中から、アニスカラーを選択。ソファを覆う際、クッションとクッションの間にシーツをぴっちりと挟み込むのがコツ。4 クッションをいくつか重ねてアームに置き、背もたれに毛皮のスローをかければ完璧。

IDEA 04

多様な照明づかいで空間を楽しむ

フロアスタンドやテーブルスタンド、飾りのランプなど、いろいろな種類の小さな照明を室内に点在させて、あかりも美しくデザイン。天井の真ん中に蛍光灯を付けるよりも、ずっとおしゃれな雰囲気に。

あかりの演出はムードづくりに欠かせない

1. 寝室のフランボワーズ色の壁に合わせて、アンティークの照明もピンクに。のみの市で購入。2. ダイニングルーム、キャビネット上のランプものみの市で購入。3. リビングのソファ脇には「アビタ」のランプを。クリスさんのお気に入り。4. リビングのコンソールテーブル上のキャンドルは、実は電池式の照明。インテリアデザイナー、サラ・ラヴォワーヌのデザイン。5. 中に電球が入ったカラーバリエーション豊富なボール。これを組み合わせて自分でつくる照明がパリでは人気。「ラ・カーズ・ド・クザン・ポール」で購入。6. デスク上の照明は「リーン・ロゼ」。壁のアートはクリスさんの作品。クリスさんの絵画はシャネルツイードに似ているとも言われ、コラボレーションを希望するインテリアブランドも存在するほど。

リビング、ソファサイドの大ぶりのランプは「リーン・ロゼ」で購入。高さ約60cm、ランプシェードの直径は約55cm。

D.I.Y.
CASE 05
Patricia

思い出と自然を感じるDIY

緑豊かなパリ郊外の一戸建て住宅を
DIYのキャンバスに。
工夫を楽しみながら住まいづくり

PROFILE

パトリシア・アタール=ジロさん

パリから電車で20分の郊外の街、シャトゥー在住。住宅はバカンス貸しも可能なので、興味のある方はコンタクトを。pattard@wanadoo.fr
「ベーカリー・カルリー」勤務。
http://www.karlynet.fr

DATA

住まいの形態：一戸建て住宅
広　さ：190㎡
間取り：4ベッドルーム、
　　　　1リビング・ダイニングほか
居住人数：4人

Imaginer c'est hausser le reél d'un ton...

白い壁側の収納家具はプルーンカ
ラーに、プルーンカラーの壁側の
棚は白に。色を互い違いにペイン
トしたところがこだわり。

パリ郊外に一戸建て住宅を購入し、大リフォームを行ったパトリシアさん。3ベッドルームだった小さな家にサンルーム風のリビングダイニングを増築、さらにベッドルームをもうひとつ加えて、家族4人暮らしにふさわしい住まいを完成させた。もう10年前のことだ。
「DIYやインテリアの雑誌を見るのが好きなんです。子供の頃からよく手づくりをしていたので、この家の中にもDIYは多いですよ。一番最近では、弟に手伝ってもらってキッチンをリフォームしたばかり」と、パトリシアさん。

　プロに依頼した最初の工事でも、自分の意見を細部にまで反映させた。例えば、フローリングをタイルで囲んだリビング・ダイニングの床は、パトリシアさんのアイデア。外から直接出入りできる場所を程よくタイルで補強しつつ、空間全体にはフローリングの温かみが漂う。タイルはDIY店で見つけたお気に入りを使用している。
「子供が3人いるので、何かこぼしても騒いでも気にならないテラスも絶対に欲しかった。そのテラスも一部、DIYでつくっています。DIYも自分流に簡単アレンジすると、手軽でいいですよね」

1.郊外の一戸建て住宅に増築したリビング・ダイニング。左の壁にある窓の奥がキッチン。以前はこの壁が家の外壁だった。2.リビングの一角にあるパン屋の作業台は、パトリシアさんが家族から受け継いだもの。パトリシアさん一家はパン屋2軒の経営者。3.玄関からリビングへ至る廊下の壁を、壁紙ステッカーでデコレーション。「ようこそわが家へ!」と歓迎するムードづくり。

IDEA 01　黄色からプルーン色へイメージチェンジ

ほっこり黄色だったキッチンを、スタイリッシュなプルーンカラーに大きく変更。ペイントも床のフローリングも、弟に手伝ってもらいながらDIYで完成。「夏休み中に子供たちを親戚にあずけ、1週間で仕上げました」

照明は「IKEA」。戸棚や引き出しの取っ手も、壁と同じ色のものに付け替えた。

どれにする？ タイル選びは急がずに

白く塗り直したキッチンの壁のシンク側に、タイルを帯状に貼る予定。アクリル版、タイル、どれにするか悩み、しばらく両方を並べて生活した結果、手入れも取り付けも簡単なアクリル板を選択。

紫の壁に、白い水性マーカーで直接メッセージを書いて。下の油絵はパトリシアさんの作品。

IDEA 02　家具の配置の仕方で空間に広がりを生む

　リフォームで付け足したリビング・ダイニングは、その先に続くテラスや庭と一体感のあるサンルーム。せっかくの開放感を活かさない手はないので、テラス部分にも家具を配し、家の中と外の動線を流動的に。郊外暮らしのメリットを、最大限に享受！

古くなった家具をテラスに

1. リビングから眺めるテラスの抜け。現在テラスはコンクリートだが、フローリングを模したタイル貼りにする予定。2. テラスで使用する家具は基本的に、雨に強いガーデンファニチャーを採用。その中に、代々家族が使って来たベビーベッドをソファとして配置、素敵なワンポイントに。

IDEA 03　リボンでカスタマイズしたパーテーション

　長女ルーちゃんが生まれた時に、パトリシアさんがつくった名前入りのパーテーション。世界に1つの手づくりだが、パーテーションそのものは既製品。「リボンをボンドで貼り付ければ、カスタマイズも手軽です。小さなひと手間で満足感も大。おすすめですよ」

リボンをボンドでペタリッ！

1. ベビーベッドの前に置くパーテーションに、と準備したスクリーン。2. ルーちゃんの名前「Lou」をリボンで表現。ボンドで貼り付けただけ。3. リボンのバラは、既製品を虫ピンで留めただけ。全体をパステルトーンにそろえるところだけ注意して、飾りのディテールは気の向くままに。

IDEA 04

リボンとボタンの オリジナルフォトフレーム

「ちょっとしたひと手間をかけて、暮らしを楽しく美しくするのが好き」と、パトリシアさん。既製品の額をカスタマイズして、フォトフレームに。フレームを自分でペイントすれば、よりオリジナルな作品に。

Tools

- 額
- リボン、ボタン、シール
- 割鋲
- ガムテープ
- スプレー糊　ボンド
- キリ
- ハサミ
- ペンチ
- 定規
- 鉛筆
- ウレタン
- 布（麻）

🛠 Description

01 額の背板の裏に対角線を引き、それぞれに平行する線を各2本引く。線がクロスした部分にキリで穴をあける。

02 板の表にスプレー糊で額よりもひとまわり大きいウレタンを貼る。裏返して余ったウレタンをガムテープで裏側に留める。角は厚くなるのでカット。

03 ウレタンと同じ要領で背板の表側に布を貼る。このとき角の部分が分厚いと、布を張った板がフレームに収まらないので注意。

04 背板の対角線上にリボンを貼る。リボンを板の裏に引っ張りガムテープで固定。

05 リボンが重なる部分に穴をあける。あらかじめ背板に穴をあけた部分を真下に板の穴があるので割鋲で固定。

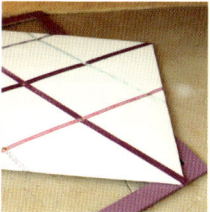

06 リボンは好みで色や柄を変えて。メッセージ入りのリボンを使うときは、向きが逆にならないように注意。

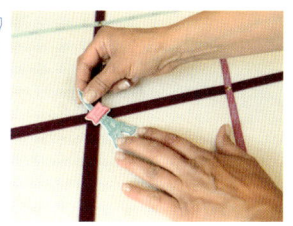

07 割鋲の上にシールやボタンをボンドで貼り付けて飾る。

08 板の後ろをガムテープで一気に覆い、フレームに固定して出来上がり。

玄関の壁に家族写真をレイアウト

ヴァカンス、発表会、誕生パーティetc. テーマ別につくったフォトフレームに写真を飾ると、思い出のインパクトも倍増！

IDEA 05 ワインの空き箱を収納ボックスに

「何と言っても無料というのは魅力。組み合わせて好きなサイズに調整できるのも便利です」と言うパトリシアさんは、ワインの空き箱収納の名人！ リビング、ベッドルーム、階段踊り場など、いたるところで利用中。

① 古い小物をプラスしておしゃれに

鏡付きのキャンドルスタンドはインテリアショップで購入した新品。動物のオブジェ付きのものはアンティーク。時代がかった雰囲気のものをプラスすると、空き箱収納がよりおしゃれになる。

② ヴィンテージ家具と組み合わせて

テレビとオーディオの付近には、ワインの空き箱にCD、DVDを収納。ヴィンテージのレコードプレーヤーの箱と組み合わせた。ワイン箱はただ重ねているだけで、固定はしていない。

IDEA 06 タイルと石を敷くだけのテラスのアイデア

> タイルや敷石、木製パレットを敷き詰めるだけで、テラスをつくった。「ベッドルームのすぐ外のプライベートテラスなので、週末の朝はここでゆっくり朝食をとりながら読書をします。南仏のホテルにいる気分です」

①
正方形の中庭をつくるイメージで

ガーデニング用スノコ9枚を正方形に敷きつめ、その周囲を敷石でぐるりと囲む。敷石はもともとこの家の庭にあったものを使用。敷石で埋めることのできないすき間は白い小石でカムフラージュ。

②
サンルームと同じタイルをテラスにも

ベッドルームからテラスへ出てすぐのたたきの部分には、サンルームと同じタイルを敷き詰めて。これもやはり地面にじかに置き、並べただけ。固定する手間を省いた分、DIYも超簡単！

③
こだわりは、木製タイルの大きさ

ホームセンターにあるガーデニング用スノコの中から、いちばん大きいサイズのものを選択。再利用で使っている敷石のサイズを上回るので、全体にどっしりとした安定感が生まれている。

D.I.Y.
CASE 06
Florence

リユースでつくる
ヴィンテージ・インテリア

不用品を再利用する「レキュペラシオン」。
リビングは古い家具でヴィンテージスタイルに、
子供部屋は楽しくカラフルにDIY！

PROFILE

フローランス・タッディジーヌさん

出版社「L'heure dite」(ルール・ディット)社長、編集長。使えるものを粗末にすることに抵抗があり、レキュペラシオンを日常的に実践。
http://www.lheuredite.com/Lheure_dite/Home.html

DATA

住まいの形態：アパルトマン
広　さ：145㎡
間取り：3ベッドルーム、
　　　　1リビングダイニング、
　　　　1ワークルームほか
居住人数：5人

運送用パレットを3つ重ねたテーブルはDIY。赤いチェアは、以前の勤め先がリニューアルの際に廃棄したもの。改修して活用中。

アートやコンテンポラリーデザイン家具が点在するフローランスさんの住まいは、都会のロフトそのもの。自由を愛する彼女の生き方が、そのままインテリアに現れている。というのも、スタイリッシュなこの空間のベースは「レキュペラシオン」。つまり、不用品の再利用。
　「簡単にものを捨てる感覚には、どうしてもなじめません。家具を選ぶときは、長く使える良いものをじっくり吟味して買うか、そうでなければ不用品のリユースで十分」とフローランスさん。3人の子供たちが使う本棚やデスクは、友人からもらったおさがりがメイン。なかには、粗大ごみ置き場から持ち帰ったものもある。これらのお古をきれいに洗って、気に入った色にペイントして。ちょっとしたひと手間をかければ、"わが家のオリジナル"に大変身。
　ちなみに、この「レキュペラシオン」は、近年パリに台頭する「ボボ」たちの十八番。「ボボ」とは「ブルジョワ・ボエム」の略で、リベラルなエスプリを持つ新富裕層をさす。高学歴で高収入でも、コンサバではない「ボボ」。このアパルトマンも、デザイナー家具だけでそろえていたら、こんなに自由で心地いいムードは生まれなかったはず。

広々とした空間に、デザイナー家具や家族から譲り受けた伝統家具に加えて、不用品のリユース家具などが集まるリビング。

IDEA 01

譲り受けたものや不用品を再利用する

ダイニングセットやソファセットといった、お決まりの家具には無関心のフローランスさん。ロッカーをシューズボックスに、ガーデンチェアをダイニングにと、自由な発想でつくるインテリアは、実にパリ的!

① ロッカーをシューズボックスに転用

インダストリアルデザインのロッカーを玄関に置き、靴箱として活用中。靴の収納は長年の課題だったが、転用アイデアでクリア。空間のアクセントになる赤い色も気に入っている。

② ワイン運搬用パレットでつくったテーブル

ボルドーワインの運搬用パレットを、3枚重ねただけのDIYテーブル。一度きれいに洗ってからオイルで磨いている。パレットのすき間は、子供たちのお絵描き道具の収納に。

③ 両親から譲り受けたダイニングテーブル

大きなダイニングテーブルは、家族から譲り受けたもの。椅子はガーデンチェアをリメイクすることに。伝統的なテーブルに、正反対のデザインの椅子を合わせたくて、たどり着いたアイデア。

④ ガーデンチェアをリメイク

キャンバス布の張ってあったガーデンチェアを、白と黒の革に張り替えてリメイク。革は手芸店で気に入ったものを購入して、制作はズボンの丈ツメなどを行う近所の手直し屋さんに依頼。

IDEA 02　アートとグリーンを MIXしたディスプレイ

フローランスさんの子供たちは習い事で陶芸を続けている。リビングのチェスト上を飾る場所に決めて、陶芸作品をグリーンやアートなどと一緒に陳列。ミックスすることで、プライベートの博物館的なコーナーに。

窓辺に置いたチェストの上に、長女がつくった陶芸を飾るスペースを確保。グリーンや額入りのポスターを飾るとなかなかの存在感に。

玄関ドアをキャンバスに

面積の広い玄関ドアに、家族写真をペタペタと。バカンス先での写真を貼っておけば、楽しかった出来事を毎日身近に感じることができる。学校からのお知らせも忘れないよう、ここへペタリ。

DIYでペイントしたブルーの壁は、
マットペンキを使用。和紙の照明
には壁紙ステッカーを貼り付けて、
オリジナルにカスタマイズ。

IDEA 03

不用品、再生品をペイント カラフル子供部屋づくり

安い家具をその場しのぎに買いたくないというポリシーが、もっともよく現れているのが子供部屋。友人から譲られたおさがりや、粗大ごみ置き場にあった家具を、長男が好きなブルーに塗り替えて再利用中。

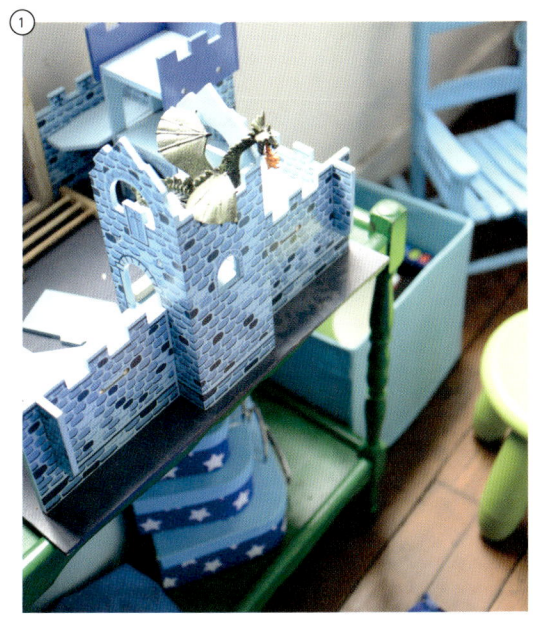

① 不用品の棚をペイントで再生

グリーンの棚は、粗大ごみとして出されていたものを拾ってきて、ペイントし直して使用中。ブルーのスチール棚も同じく、拾ったもの。ゴミとはいえ、まだまだ十分使えるものばかり！

② 友人からのおさがりもすべてブルーに

息子のユリースくんはブルーが好き。右の写真のブルーの本棚はおさがり。その上の木製のケースは、フローランスさんがペイント。今では友人宅にブルーの不用品が出ると、すぐに声を掛けてもらえる。

③ 壁紙ステッカーで和紙照明をチェンジ

和紙でできた照明の模様はもともと付いていたものではなく、フローランスさんが壁紙ステッカーを使ってアレンジしたもの。写真のような淡い色合いのステッカーを選んで軽やかさは残して。

ブルーが大好きな末っ子のユリースくん。まだ小さいのに、するどい審美眼の持ち主なのだそう。

IDEA 04

ビタミンカラーで元気いっぱいの姉妹の部屋

2人姉妹の部屋はカーテンの山吹色を基調色に、それに合わせる色にピンクと白をセレクト。子供たちがイラストやディスプレイなどに使う色もそれらの3色が中心となっていて、自然とママの感性を受け継いでいるよう。

① ペイント担当はママ。おさがりもリユース

長女ルーちゃんが使う窓辺のデスクは、友人からもらったおさがりのデスクと引き出しを組み合わせたもの。落書きが多かったので、白くペイント。中2階部分の山吹色の壁も、ママがDIYでペイント！

② 子供が感性を育むディスプレイ

二段ベッドの下のデスクも、友人からのおさがり。白くペイントし直して再利用中。次女マリアンヌちゃんにとって、デスクは自分専用のディスプレイコーナー。写真や小さな切り抜きを飾って。

③ 家族の思い出の色を室内の基本色に

フランスの伝統的な布、トワル・ド・ジュイを子供部屋に。実は以前の住まいで夫婦の寝室用に使っていたもの。このプリントの色をとって壁の色を山吹色に決めた。さらに明るいピンクを差し色に。

ルーちゃん（上）とマリアンヌちゃん（下）は、仲良し姉妹。当分、同じ部屋で過ごせそう。

ベッドスペースとしてつくったメゾネット部分は、子供たちの意見で遊びのスペースに変更。ベッドは、2段ベッドを新しく設置して対応した。

D.I.Y.
CASE 07
James

コンパクトな住まいのカラー計画

建築コンサルタントの自宅は
インパクトの強いカラーを使って
独自のセンスで実現した32㎡の快適空間

PROFILE

ジェームズ・ジャクソンさん

パリ在住イギリス人建築コンサルタント。フランスの有名ブランド日本支店ほかの内装ディレクションを手掛ける。パリきっての若者エリア11区にあるアパルトマンに暮らし5年。MAD所属　http://www.madnetwork.fr

DATA

住まいの形態：アパルトマン
広　　さ：32㎡
間取り：1ベッドルーム、1リビング、キッチン、バスルーム
居住人数：2人

リビングから見たベッドルーム。窓際の壁をDIYでグレーにペイント。リビングからひと続きの壁色にして、広く抜けるイメージに。

1	
2	3	4

1.バスルーム。トイレタンクを壁に埋め込んでまるごと隠している。できた壁の凹凸をニッチ風にアレンジ。フレグランスを並べて。2.赤でペイントした玄関脇の、カーテンで隠した部分は物置。ここにドアを付けるか考え中。玄関の赤は、以前からずっと思い描いていた色。赤い門をイメージした。3.ギリシャ旅行中に見つけた古い牡羊の頭部の骨。自分の星座が牡羊座なので、以前からこれにちなんだオブジェを探していた。ベッドルーム入り口のドア上に飾る予定。4.クリス・クラスさん(P.48)の絵画をリビングに。壁のペイントは「FARROW & BALL」を使用。

建築コンサルタントのジェームズさんはイギリス人。パリのアパルトマンを拠点に、世界各国のクライアントと仕事をしている。「このアパルトマンは32㎡しかないので、広く感じられる空間づくりを第一に考えました」と、ジェームズさん。DIYを駆使して、コンパクトながらも居心地のいい住まいをつくり上げている最中だ。

広く感じられるコンパクトハウスを実現するために、まず行ったのはバスルームとキッチンの場所を入れ替えるリフォーム。設計は自分で行い、作業をプロに依頼した。一番のこだわりは壁のペイント。こちらは得意のDIYで実現。室内に奥行きを演出するために、要所、要所にカラーを採用してペイントしている。狭い部屋を白一色にしてしまうと、のっぺりとした空間になるので要注意！とのこと。

「画家のイヴ・クラインが生み出した、インターナショナル・クライン・ブルーを再現したくて、納得のゆくものを見つけるまでには時間がかかりました。黄金よりも高貴な青、と言われる色です。さすがにアーティストの色を出すのは難しかったですが、DIYで取り組んだので納得のゆくまで時間をかけることができました」

IDEA 01 複数カラーのペイントは色見本の同ライン上で選ぶ

「壁色は3色くらいに抑えるのが無難ですが、わが家はグレー、ブルー、ブラウン、赤……とかなり色が多いのです」。それらを調和させる秘訣は、色見本をうまく使うこと。色見本上の同ラインのものを使うと失敗がない。

壁の色づかいで奥行きを演出

1. 玄関とドレッシングコーナーの壁には、わずかな段差がある。玄関を"赤い門"に見立てるために、左右の幅をそろえてペイント。段差部分は白く塗り残した。2. 玄関入ってすぐ右に広がるキッチン。白1色には統一せず、壁をダークブラウンでペイントして奥行きを演出。3. リビングの壁からベッドルームは、ひと続きにグレーでペイント。狭いベッドルームからリビングまで、2つの部屋がつながる印象を強調した。4. 6㎡弱のベッドルームは、上部を紺色にペイントし、下部には30cm四方のフェイクスキンの壁紙を貼り合わせた。フェイクスキンはベッドヘッドを兼ねている。

色のグループを意識して選択

壁のペイントには、「FARROW & BALL」のペンキを愛用。ショップで色見本を調達し、壁色を選ぶ際は同じライン上のものの中からピックアップ。例えば玄関の赤とリビングのグレーがそう。

IDEA 02 理想の色は各所に配して アクセントカラーに

バスルームの壁はこだわりの青でペイント。同じペンキをリビングの棚の奥にも使っている。ある場所で使った色が別の場所に登場すると、いろいろな色を使っても家全体でまとまりが出る。洋服のコーディネートの要領。

こだわりの青で
要所、要所をペイント

1.「狭い空間こそ角、隅を強調するべき」とジェームズさん。そうすることで空間がのっぺりとならず、広がりが強調される。壁は白1色には統一せず、ニッチ風の棚の奥をブルーにペイントして奥行きを演出。2.広い面積を占めるこだわりの青は迫力満点！「深いのに明るい不思議な色」とのこと。

IDEA 03

シンメトリー、水平、垂直を意識して美しく

「水平、垂直が整っている空間は、たとえコンパクトでも"狭い"という印象を与えません」。左右対称、縦のライン、横のラインなどを徹底してそろえることで、整然とした安定感のある空間に。

①

②

① 外せない柱を中心にシンメトリーを構成

キッチンは以前、バスルームだった。オープンキッチンにするために壁を取り壊したところ、取り外せない鉄筋が！ この鉄筋が中心にくるようにカウンターの幅を決めて、左右対称になるよう調整した。

② 戸棚も付け方次第でスッキリ

玄関上の戸棚は、玄関の赤いラインがそろうように扉の下辺だけ赤くペイント。トイレ上の戸棚は、下にあるトイレタンクと同じ幅に。全体をくまなくブルーに塗っているので、ニッチのような印象。

IDEA 04

カラーを活かす照明の活用術

「照明は、壁色と同じくらい重要なインテリアの要素です」と、ジェームズさん。シェードのフォルムにこだわるだけでなく、設置場所や、電球のタイプも厳選。やわらかいあかりをいくつも配するスタイルで。

① 熱くならないLEDの特徴を利用

LED照明は熱くならないので、束ねて花瓶に入れても大丈夫。花瓶の中で点灯すれば一風変わった照明に。ホームパーティーの際は絵画に掛けて、にぎやかムードの演出に活用。

② 電球のタイプにもこだわって

リビングの照明には、下半分が鏡になった電球を。天井に反射する効果が面白い。リビングの角にランプを置いて、角の存在を際立たせる。キッチンカウンターにはフィラメント風の優しいあかりを。

Living with color!

パリで人気のペイントで学ぶ
カラーレッスン

パリジャンが信頼するペイントメーカーの新色を使った
カラーコーディネートを紹介！ グロス、サテン、マットなど
仕上がりの風合いも吟味して、自分スタイルの色を見つけよう！

魅惑のカラーバリエーション

FARROW&BALL
ファロー アンド ボール

　ニュアンス豊かな132色を提供する「FARROW & BALL」は、高品質で知られる英国のブランド。こだわり派パリジャンからの支持も高い。132色すべてに100mlのお試しサイズがあるので、実際に試してから色を決めることができる。

スモーキーなトリコロール

「No.280 セントジャイルブルー」と「No.212 ブレザー」を組み合わせた、シックなトリコロール。室内壁全体を1色にペイントするよりも、壁1枚だけ、またはラインを引くように色を取り入れるスタイルが新しい。

SHOP DATA

Farrow & Ball Showroom Paris Marais
111 bis rue de Turenne
Paris 75003
http://www.farrow-ball.com/paris-marais-fb/content/fcp-content
※「FARROW & BALL」のペイントは、日本では「カラーワークス」(P.138)で取り扱いあり。

ファッションのコーディネート同様に、
住まいもカラーコーディネートを楽しむ！

　インテリアも洋服のようにさまざまなカラーを組み合わせて選ぶと楽しい。まずはメインとなる色を決めて、2色程度をアクセントとしてプラス。色数を絞ることと、色のトーン（明度、彩度）をそろえることに注意して。

1 ピンクとベージュで　ガーリーに

「no.278ナンシーズブラッシュ」でペイントしたリビングには相性のいいベージュを組み合わせて。パステルグリーンを差し色にすると深みが加わる。

2 ブルーとグリーンで　レトロに

クリアで爽やかな「No.280セントジャイルブルー」には、レトロな風合いのニュアンスカラーをプラス。ヴィンテージ家具を今風アレンジに演出したいときにも効果的。

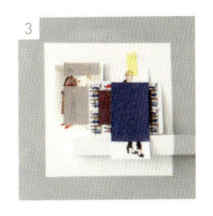

3 グレーとイエローで　シックに

「No.275バーベックストーン」でペイントした壁は落ち着いたムードのなかにも明るさが。ブルー系、ベージュ系と好相性。イエローに塗り替えたチェアをアクセントに。

Living with color !

定評あるマットな仕上がりは2タイプ
FLAMANT
フラマン

128色の内装用ペンキは、ウルトラマットな質感に仕上がる「マット」、ベルベットのニュアンスを含む「ラックマット」、上品なツヤが魅力の「サテン」の3タイプが主力ライン。ナチュラルな色調もさることながら、マットな仕上がりの美しさには定評がある。

海辺をイメージさせる
リラックスリビング

スモーキーな深みと美しい発色の両方を実現していることがよく分かる「ショッキングブルー225」でペイントした壁。床や家具のオフホワイトと好相性。

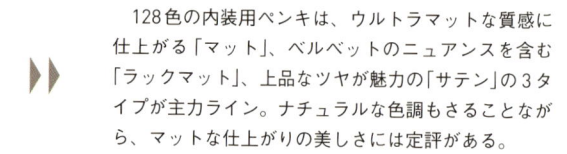

SHOP DATA

FLAMANT PARIS
8 Place Furstemberg
／8 rue de'l Abbaye
Paris 75006
http://www.flamant.com/flamant/stores/paris-flamant-paris

シック＆上品なヴィヴィッドカラー

　植物や大地、海、砂など、自然の色調表現が「フラマン」のペイントラインの持ち味。大胆な色を選んでも品のいい仕上がりになる。灼熱のアフリカや寒い北の国など、ある土地をイメージしてインテリアをつくり、その土地を代表するカラーを壁に選ぶのもアイデアのひとつ。

1
北アフリカの灼熱の大地がイメージソース

「タンジェリン226」は、モロッコ北部の街タンジェをイメージした赤土色。画家のドラクロワやマチスが好んで描いた土地の熱気を、彷彿とさせる情熱的な色合い。

2
温かみを演出できるグレー

「グラン・ド・ポワーヴル228（コショウ粒）」と名付けられたグレーは、ほのかに赤みを含んでいる。リビングやベッドルームに使っても、冷たい印象にならない。

3
スタイリッシュな絶妙パープル

「ジュ・ドゥ・レザン227（アップルジュース）」は、スタイリッシュな印象の紫色。ショッキングブルーや淡いピンク、チョコレート色などと相性が良い。

Living with color !

初心者でもきれいな仕上がり

LUXENS (LEROY MERLIN)
リュクセンス

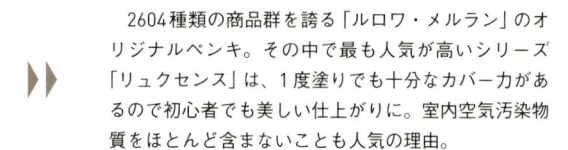

2604種類の商品群を誇る「ルロワ・メルラン」のオリジナルペンキ。その中で最も人気が高いシリーズ「リュクセンス」は、1度塗りでも十分なカバー力があるので初心者でも美しい仕上がりに。室内空気汚染物質をほとんど含まないことも人気の理由。

明るいイエローで、
キッチンを楽しく、元気に！

「リュクセンス（色番号JAUN SER 4）」を使用したキッチン。ワークトップ側の壁のみ汚れのつきにくいグロスペンキを使い、ほかの部分はサテンペンキに。明るいイエローは、フランスではキッチンの代名詞とも言える人気の壁色。

SHOP DATA

Leroy Merlin – Paris Beaubourg
住52 Rue Rambuteau
75003 Paris
http://www.leroymerlin.fr

ペイントだけで、こんなに違う印象に！

　同じ空間でも、壁のペイントでまったく違う印象に変えられるのが、DIYの醍醐味。「ルロワ・メルラン」のペンキとカーペットでリノベートしたリビングとベッドルーム、それぞれの個性に注目。

LIVING ROOM

Before

After 1

丸いラインを取り入れた、明るくポップなリビングづくり。サスペンション照明と、赤・青2色のタペストリーに丸いフォルムを採用。タピスリーの青に合わせて暖炉上の壁に水色の円をペイントし、アクセントに。

After 2

「白×黒」で統一した都会的ムードのインテリア。壁と暖炉の一部をブラックでペイントするだけで室内の表情は激変。家具は直線的なモダンデザイン。照明はコットン素材のスクエア型を選んでシャープさを徹底。

BED ROOM

Before

After 1

ブルーとピンクをメインカラーとしたキッズの寝室。壁面の一部や収納扉を白で残したことで、2色の鮮やかさが引き立つ。照明などに赤とグリーンのアイテムを取り入れ、さらに元気いっぱいの空間に。ペンキはサテン。

After 2

くつろぎ感いっぱいのライトブラウンに統一したベッドルームの壁を、生成りとライトブラウンのストライプにペイント。濃い色のストライプは重厚な印象に仕上がるけれど、柔らかい色なら上品かつ優しいイメージに。

D.I.Y.
CASE 08
Audrey

ファブリックでアレンジ
マダムのDIY

シックで高級感たっぷりなのに
実は手づくりのDIY。
ポイントは、良い素材を選ぶこと

PROFILE

オードレイ・エルバさん

カーテンと窓辺専門の内装スタイリスト。デザイナーや建築家との仕事のほか、個人の顧客からの依頼も受けている。パリに隣接する高級住宅街、ヌイイ在住。
audreyerba@hotmail.fr

DATA

住まいの形態：アパルトマン
広　さ：120㎡
間取り：3 ベッドルーム、
　　　　1 リビングほか
居住人数：3人

リビング本棚はマットのペンキを使って自分で塗り変えた。棚に置くオブジェが映えるように、極深いグレーを選択。

1. 家族から譲り受けたランプ。ランプシェードは張り替えたものの脚部のデザインが気に入らず、カムフラージュのためにタッセル風のアクセサリーを加えた。2. 本棚は、マットペンキにサテンペンキを混ぜたので、マットペンキだけで塗るよりは触れたあとも指紋の汚れが気にならない。

| 1 | 2 |

1. ダイニングテーブルを背にリビングを眺める。奥の壁面全体を覆う造り付けの棚は、舞台のバックをつくるようなイメージで黒に近い深いグレーを採用。2. リビング窓辺はスッキリモダンな印象に。家族から譲り受けたアンティークのサイドテーブルとも好相性。

フランスきっての高級住宅街、ヌイイに暮らすオードレイさんは、窓辺専門のデコレーター。シックな住まいのインテリアは、家族から譲り受けた絵画や家具と、自身で選んだモダンテイストがベース。一見、DIYとは無縁のようだけれど……。
「職業柄、布をたくさん扱うので、ハギレを自宅でよく利用しています。家具のペイントも自分でします。だって、予算的にずっとお得でしょう？」と、オードレイさんは実に気さく。
　家族から譲り受けた照明は思い出がたっぷり詰まっているけど、今の自分たちの暮らしには合わない。そう感じたら、ランプシェードを好きな布で張り替えてリメイク。寝室のカーテンは、なんと左右別の布を使った寄せ集め。「それでも良い素材を使ってさえいれば、意外にも美しく見えるんです」
　ヌイイのマダムとは思えない彼女の自由なエスプリは、田舎風にリメイクしたキッチンに特に良く現れている。壁を覆うワイン箱の板と、鍋用の棚を自作して、システムキッチンに家庭らしい温かさをプラス。「DIYは難しく考えずに、できることをするスタンスです。私のこだわりは、良い素材を使うことくらい。古びかたに差が出るので、要注意ですよ」

IDEA 01

カーテン、シェード……ハギレを七変化！

たくさん入手できるハギレを、DIYにフル活用。ベッドルームのカーテンのほか、ベッドヘッドを覆った布、リビングのクッション、ランプシェードまで。よく見ると色も素材もばらばら。でも、そこがかえってシック！

① カーテンは左右ふぞろいで

ハギレを利用しているので、十分な分量がないこともしばしば。ベッドルームのカーテンはプライベートな場所なので、自分さえよければ、と左右柄違いに。色のトーンをそろえれば違和感なし！

② 気に入った布で簡単リメイク

家族から譲り受けた照明は、自分好みのランプシェードに張り替えて。1人掛けソファのクッションは、ビロードとフェルト、2つの素材で変化を。リビングソファのクッションも各種ハギレで作成。

IDEA 02

模様替え簡単！パネル式カーテン

ドレープがないから窓まわりをスッキリ見せたいときにおすすめのパネル式カーテン。「天然素材の質のいい布を選んでおくと、古びたときにも良い風合いになります。長く使うためにもぜひ、質のいい布の選択を！」

窓辺を全開にし、すっきりまとめられるのがパネル式カーテンの最大の魅力。

専用のレールにスライド式のバー（マジックテープ装着の状態で販売）をはめ込み、バーのマジックテープ部分に布を留める仕組み。

Description

01 スライド式バーの幅に合った布を、好みの長さに切って両サイドを縫う。

02 上辺にマジックテープを付け、下辺は輪になるように縫う。

03 下辺の輪の部分におもりのバーを通す。

04 スライド式バーと布のマジックテープを貼り合わせる。

収納ラックのまわりに解体したワイン箱を貼り付けた。ニスを2度塗りしてから使用。

IDEA 03　ワイン箱でつくるカントリー風キッチン

モダンな空間が好みのオードレイさんも、キッチンだけは別。「田舎の家のような温かみが欲しいと思って。素朴な棚をつくって壁に取り付け、壁もリメイクしました」。システムキッチンが、ほっこり空間に変身！

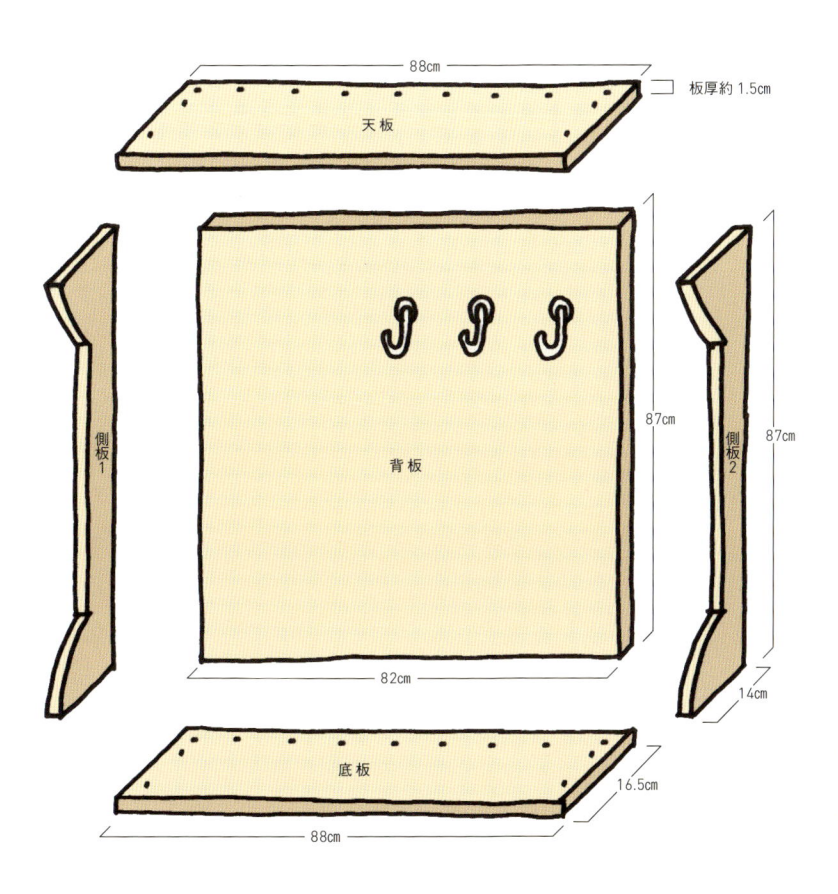

天板　88cm　板厚約1.5cm
側板1　87cm
背板　82cm × 87cm
側板2　14cm
底板　88cm × 16.5cm

調味料などの収納ラックは、4枚の板に釘を打って組み合わせるだけ。カーブを付けた側板のカットはホームセンターに依頼するといい。3カ所にねじ付きフックを取り付けて鍋やフライパンの収納に。

70年代デザインらしい無機的なシステムキッチン。スッキリと機能的な空間の窓辺、ワークトップ周辺をDIYでリメイク。

貼り付く粘土で簡単に装着

1.壁一面を覆うワイン箱は、なんとパタフィクスという粘土のようなものを使って、壁に貼り付けているだけ。パタフィクスはポスターなどを壁に貼る時に使う文具。2.反対側の壁もワイン箱の板で覆う予定だったけど、一時中断。このままでもおしゃれ。

D.I.Y.
CASE 09
Marie

ソファの張り替えで完成！
くつろぎリビング

リノベーションで大改造した空間を
自分テイストに味付け。
決め手は、趣味のソファの張り替え

PROFILE

マリー・ベルジュローさん

観光コンサルタント。新居のリノベーションは、友人で建築家のジェローム・ラニシさんに相談。
http://www.architectes.org/portfolios/jerome-lanici-gaelle-caraty-lanca-architecture/

DATA

住まいの形態：アパルトマン
広　さ：110㎡
間取り：4ベッドルーム、
　　　　1リビングほか
居住人数：3人

改修でダイニングの半分を吹き抜けに。3つ並べたペンダントランプはインテリアショップの「フルー」で購入。星形の照明は「IKEA」。

| 1 | 2 |

1.キッチンからのリビングの眺め。もともと2部屋に分かれていたが、壁を取り壊してオープンに。以前の壁の部分にカウンター風のテーブルを造り付け、ゆったりと空間を仕切っている。2.物置だった屋根裏を改装、長女ルシーさんの部屋に。

1.窓辺のソファは壁にぴったりとくっつけず、間隔をとって配置。その空間に、大きなシュロとクワズイモの鉢植えを置いて、リビング全体のゆったり感を演出。2.次女のガイヤさん、15歳の部屋。部屋全体は白で統一し、ピンクで差し色をプラス。

「天井裏の物置を改装して、ひと部屋増やそう。そう思い描けたことが、この住まいを購入する決め手になりました」と、マリーさん。大々的なリノベーションを経てメゾネットに変身。以前はハシゴで行き来していた天井裏を、半分吹き抜けに、残り半分は長女の部屋につくり替えた。

新居のリノベーションと同時に、マリーさんが行ったのがDIYでのソファ張り地の張り替え。数年前、職人のアトリエに通って教わってから、ソファを順番に張り替えるのが楽しみになったそう。

「自分でつくったものや、家族から譲り受けたものがあるだけで、"わが家"だという感覚がぐっと増しませんか？ ソファの張り替えができると、思い出深いソファをずっと使い続けることができるようになります。ほかにも、古い家具をペイントし直したり、子供のたちのベッドカバーをつくったり、ちょっとした手づくりはよくしますよ。」

もうひとつ、マリーさんにとって重要なのはグリーンの存在。窓の外にプランターを置くほか、室内にも大小いくつかの鉢植えを置き、明るさと清々しさ、リラックスムードを演出している。パリの喧噪から遠く離れた気持ちになれる、くつろぎ空間だ。

IDEA 01 古くなったソファは張り替えてリメイク

リビングの1人掛けソファは、すべてマリーさんが張り替えた。3脚とも違う布にして、ナチュラルなリビングの差し色になるようにした。古くなったソファはもちろん、模様替えにも最適。

「ソファの張り替えは、不器用な私にぴったりのホビー！」と、マリーさん。そのときどきで座るソファの場所を変えれば気分も一新！

Description

01 ソファの張り替え専用の、釘と金づち。BHV（P.137）で購入可能。布は好きなものでOKだが、厚手で丈夫なものを選ぶことは絶対条件。

02 背面の古いウレタンを取り、新しいウレタンを巻いて、ウレタンを覆うように布を張る。

03 布をぴっちりと引っ張り内側に折り返して、釘で固定していく。

04 背の部分は完成。座面はウレタンを巻いただけの状態。

05 座面にも新しい布を張り、背面と同じように内側に折り返す。

06 ウレタンの固定には、ガンタッカーを使うと便利。布は背面と同じように、必要な部位に釘を打って留める。各ソファのつくりに応じた方法でソファ枠にしっかりと固定する。

IDEA

02　黒板塗料、フライヤー……デコレーションを楽しむ！

「ただ白いだけの壁は、フランス人にとっては未完成の状態なんですよ」とマリーさん。各スペース、どの壁も程よくデコレーションされている。DIYあり、特注品あり、さまざまな方法でオリジナル空間を演出。

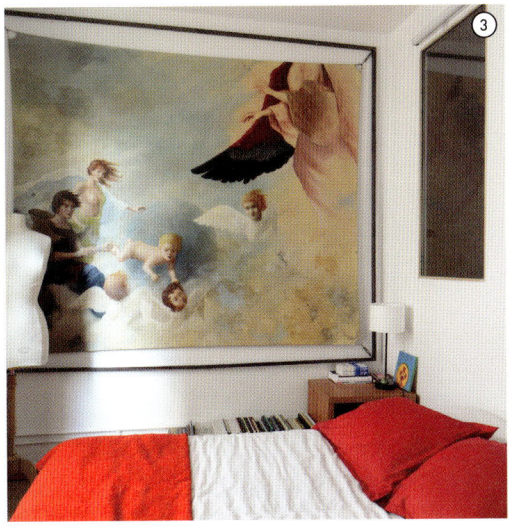

① フライヤーで壁を覆いつくす！

ルシーさんの部屋、ベッドの頭側の壁には、フライヤーをランダムに貼り付けた。グラフィティのような、クラブのような世界感をつくりだしている。これからもまだまだ貼り続ける予定。

② 壁の一部を黒板塗料でペイント

前々から、壁に黒板塗料を塗りたいと願っていたマリーさん。キッチンの壁の一部で夢を実現！　家族の伝言板として活用したり、デッサンを描いたり。遊びにくる友達にも好評のコーナー。

③ スチール枠に張ったキャンバス画

寝室の壁のキャンバス画は、スチールのフレームにキャンバス地を金具で引っ張って固定したもの。キャンバス画は画家に、スチールのフレームは職人に、それぞれ注文した。

④ 動物のオブジェで壁にワンポイント

壁に取り付けたトナカイのオブジェは、絵画の代わりにリビングにワンポイントを添えている。窓辺に置いた自転車は、実は使わなくなったもの。これもインテリアに一役買っている。

IDEA 03

デッドスペースを活かす大容量、壁面クロゼット

もともとは収納のために使われていた屋根裏に、天窓を付けて長女の部屋に大改造。屋根の形に添って天井が低くなるスペースにぴったりサイズの棚をつくってクロゼットに。ハンガーパイプも取り付けて収納力は十分。

屋根裏部屋は天井の高さ180cm

長女ルシーさんの屋根裏部屋は、身長165cmのガイヤさんが立ってちょうどぐらいの高さ。ベッドはマットレスだけにして低く使い、横の広がりを強調しているので狭苦しさはナシ。

棚は縦に29cmの等間隔で5分割、横は2〜4枠と段ごとにランダムに仕切る。各棚はaとbの2つの大きさができる。上から3〜5段目の中央を縦に仕切る板は、取り付け位置を微妙にずらして釘を打って。

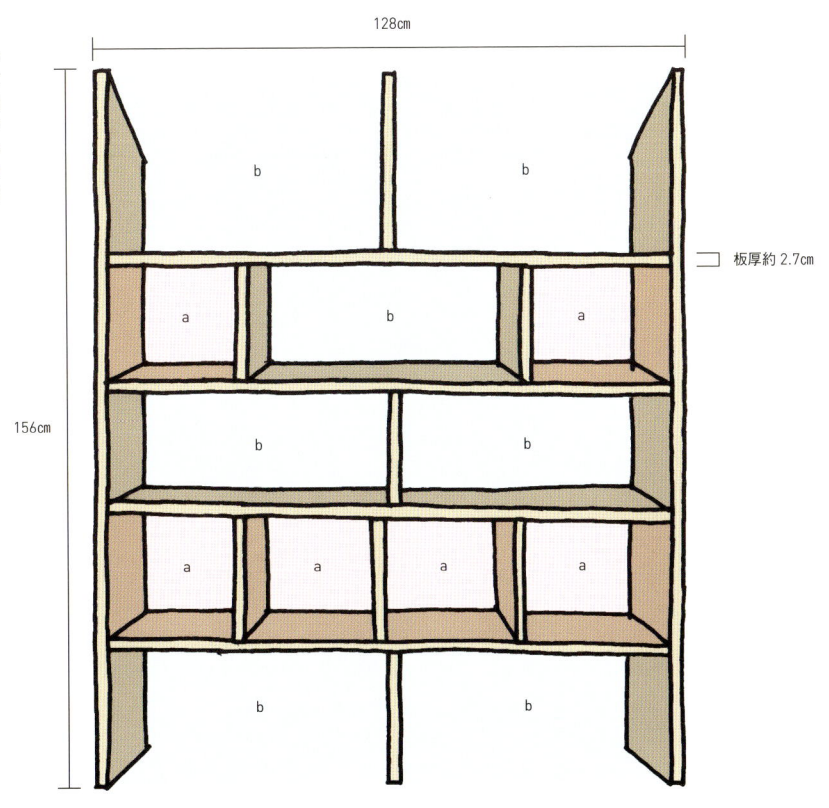

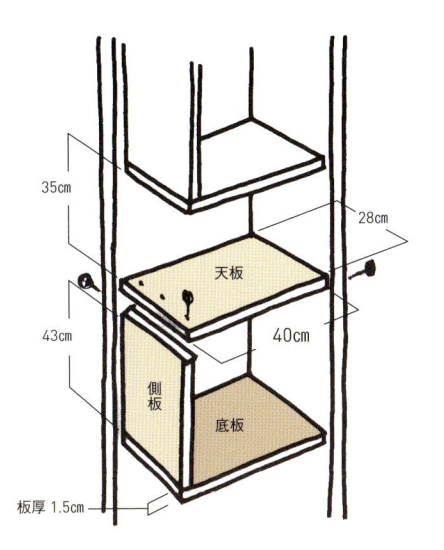

128cm
板厚約2.7cm
156cm

35cm
28cm
43cm
40cm
天板
側板
底板
板厚1.5cm

バスルームのロッカーは、正方形のボックスをつくり、ボックス同士が等間隔になるよう設置。壁面ではなく2枚の板に固定。各板の接する部分に適宜釘を打つ。ボックスの上も棚として使える。

D.I.Y.
CASE 10
Sabine

家族のDIYと友人の手づくりが
心地よく共存する家

プロの審美眼を最大限に活かした空間に
手づくりアートで
個性と温かみをプラス

PROFILE

サビンヌ・ビュケ=グルネさん

出版社レ・ゼディション・ド・レピュール創業者、編集長。食に関する出版物を発行。1つの食材の10のレシピを紹介する「10 façons de préparer」シリーズは、300巻を越えるベストセラー。http://www.epure-editions.com

DATA

住まいの形態：アパルトマン
広　さ：105㎡
間取り：4ベッドルーム、
　　　　1リビング、1ダイ
　　　　ニング、1書斎
居住人数：6人

リビング・ダイニングには台形の
ローキャビネットを造り付けて、
空間に動きを生んだ。

出版社社長として活躍するサビンヌさんは、職場のすぐそばのマンションにお住まい。聞けば、ご主人は建築家。近代的な物件の内部を自分たちで改装し、オリジナルテイストの空間につくり替えて暮らしている。
　「一番大きな工夫は、長方形のリビング・ダイニング特有のカチッとした印象を壊すために行った、造り付け収納のデザインです。一般的には家具は長方形のものが多いですが、奥行きを一定にせず斜めにした台形の収納をつくりました。この工夫のおかげで、リビング・ダイニングに足を踏み込んだ瞬間、視線がすっと窓の向こうに誘われます。視線の動きを利用することで、空間に広がりが生まれ、実際よりもゆったりと感じられるようになりました」と、サビンヌさん。
　こうして生まれた空間に、手づくりオブジェを飾って個性を加えるのがサビンヌさんのスタイル。壁や吹き抜けの部分の本棚に、子供が幼い頃につくった図工の作品や、友人クリエーターたちからプレゼントされた世界にひとつのオブジェが点在する。天井まである本棚には、近々専用のハシゴをつくる予定とのこと。キッチンも現在DIY中だ。

| 1 | 2 |

1. ダイニングコーナー。9年前に家族旅行をしたニューヨークの写真を壁に。ヴィンテージ家具やオブジェはのみの市で購入。2. 吹き抜けを利用した本棚。高い位置にはデリケートな古い本や、子供の工作などを。簡単に手に取れない所を逆に利用して保管。

1. アールヌーヴォーのドレッサーは、祖母から譲り受けたもの。使う人がいないので、リビングに置き家族写真を飾るコーナーに。2. 本棚に飾った夫のミニカーコレクション。ほかにもオブジェを飾りつつ、見せる収納をしている。

IDEA 01 壁面埋め込み型の ニッチ付き収納

「この収納は夫の力作です」と、ザビンヌさんも絶賛するダイニングの収納の扉は、樫の無垢材でつくられている。取っ手は付けず、溝の部分だけで開け閉めするスタイル。たっぷりの食器を収納している。

ペタンと平面的な スッキリフェイスに

上下左右に走る溝のラインも美しい、造り付け収納。右の扉の中央に斜めに切り込みを入れる形で、ニッチをつくった。飾れる扉だ。内側には客用の皿や、テーブルクロスを収納。

台形風にとったニッチには、木目のフレームに飾ったニューヨーク旅行の写真を置いてシックに。

IDEA 02

改造真っただ中！キッチンのリノベーション

先日、DIYリノベーションに取り掛かったばかりのキッチンは、クリーム色からチャコールグレーへとカラーチェンジする過渡期。「古びたペンキを塗り替えると同時に、模様替えも進めている最中です」

1 2

古い料理道具を集めてしまうほどサビンヌさんは料理好き。写真はリビングの一角。

カウンターテーブルを壁に設置

1.壁にカウンターを取り付けて、ここで朝食や簡単な食事をとれるよう工夫。上下に取り付けてあるクリーム色の戸棚を、これからチャコールグレーに塗り替えるところ。2.温かみのあるクリーム色から、がらりと印象の変わるチャコールグレーのキッチンに取り替えている最中。キッチン扉は「IKEA」で購入。照明は単なる蛍光灯ではなくネオンを採用。

IDEA 03

ペンダントライトは糸でテーブル真上に調整

天井の照明の位置が自分の思いどおりの場所にあるとは限らない。でも、ちょっとした工夫で照明の位置を変えることは簡単。ペンダントライトのコードを凧糸などで結び、ちょうどいい場所に引っ張って固定すればOK。

糸で引っ張る、が一番手軽

普通は天井にフックを取り付けて、そこにライトのコードを引っ掛けて位置を調整するけれど、そうすると天井にフックの穴をあけることに。コードを糸で引っ張ってカーテンレールなどに結べば、調節も簡単。

IDEA 04　DIYオブジェで家をデコレーション

編集者という職業柄、アーティストやクリエーターの友人が多いサビンヌさん。彼らから贈られるプレゼントも、手づくりのものが多い。そんな温もりを感じさせる品々が、住まいのアクセントになっている。

①
フレーム風オブジェに思い出の写真を

スチールと薪でつくったフレームのようなオブジェ。プレゼントされたときははっきりした用途がなかったものの、写真を飾るのにちょうどいいとひらめいて以来、写真を飾るコーナーに。

②
畳むと板になるユニークチェア

以前広告の仕事をしていた友人が、家具クリエーターに転職！　作品第1号は、畳んだ状態はぺたんとした1枚の板に、開くと椅子になるというユニークな作品。
http://www.woodmood.fr

③
イラスト入りオブジェをカーテンレールに

イラストレーターからもらった手づくりアートを、3つ並べてカーテンレールに吊るして。室内を画家のアトリエ風に白で統一しているので、アート作品のワンポイントがよく映える。

④
キッチンの壁には家族写真のカレンダー

毎年妹がつくってくれるカレンダーは、キッチンの壁がお決まりのポジション。家族写真を集めたオリジナルカレンダーなので、アルバムを飾る感覚で大切に使っている。毎年、楽しみにしている。

D.I.Y.

CASE 11

Monique

現代美術家の廃品リユース

趣味のアート制作を
生活の場に持ち込んだ
ユニークシックなアパルトマン

PROFILE

モニク・デュイザボさん

家庭では4人の子どもの母親であり、社会では大企業の管理職者。趣味のアート制作が評価され、2014年のサロン・ドトーンヌ"環境アート"セクションに初出展。当サロンはピカソなど多くの芸術家を輩出した歴史がある。

DATA

住まいの形態：アパルトマン
広　さ：170㎡
間取り：4ベッドルーム、
　　　　1リビング、1ダイ
　　　　ニング、1書斎ほか
居住人数：6人

ダイニングの壁を飾る針金アートや、積み重ねた帽子はモニクさんの手づくり。迫力のある画家の油絵と並べて、意外性を楽しむ。

現代アートをコレクションするモニクさんは、自分でもこつこつとアートを制作。19世紀に建てられたパリらしいシックなアパルトマンを、たくさんのアート作品と手づくり家具で飾り、暮らしている。
「アートのコレクションは、父の影響が大きいです。父自身も自分で作品をつくっていたので、クリエイティブな作業はいつも身近にありました。そんな環境の中で私も自然に、アート制作やDIYを行うように」と、モニクさん。
　自作アートの材料は、必ず不用品。つまりゴミになるパッケージや段ボールを再利用する。特にモニクさんが多く使うのは、ネスプレッソ（カプセル式コーヒーメーカー）のカラフルなケース。アルミのカプセルをつなぎあわせてメタリックなタペストリーをつくったり、紙箱を紐のように細く切ってから編み上げ、帽子をつくったり……。寝室の棚も、廃品の段ボールが材料だ。
「このアパルトマンはオスマン建築（19世紀パリ建築の代表的なスタイル）なので、そのままだとクラシックすぎます。インテリアに現代アートを配することで良い意味で伝統を壊し、私たちらしい空間をつくっています」

| 1 | 2 |

1.リビングの一角、アート作品を集めたコーナーには、空き缶を圧縮してつくった父親の作品も紛れ込んでいる。赤と緑、2色のブロックがそれ。本物と自作を混ぜて飾るのがポイント。2.こちらは本物の現代美術彫刻。休日やバカンス先などで時間がある時は、ギャラリー巡りをしてアートを物色。

1.リビングとダイニングの間に立つモニクさん。木のトルソーを覆う紙の織物はモニクさんの作品で、ネスプレッソの空き箱が材料。2.玄関はモニクさんのアートが炸裂する空間。立体の絵画が壁面を覆う。天井の照明も、モニクさんがつくったオリジナルシャンデリア。

119

IDEA 01

棚板のかたちを波形にアレンジ

玄関のドア側の壁に白い棚を取り付けて、壁全体を大きな本棚に。ホームセンターで板を購入し、フリーハンドで曲線を引いてカット。それを白く塗って取り付けただけ、とは思えない迫力のコーナーが完成。

本棚は収納力たっぷり、存在感もたっぷりなので、壁色にとけ込ませる目的で白を採用した。

棚板の形の工夫でこんなにエレガント

夫との合作の棚は、リズミカルで軽いイメージの曲線がポイント。エレガントなラインを活かすために、棚受けはできるだけ存在感の小さいタイプを採用。棚板をしっかりと挟む丈夫さと同時に、見た目も重視。

IDEA 02　段ボールを使ったキューブボックス

段ボールを3枚重ねて丈夫な収納を作成！「一番注意すべきは、段ボールの断面の向きが"縦×ヨコ×縦"になるよう、3枚を貼り合わせるところ。こうするととても強度が強くなります」

段ボールを切る時に、紙の組織が一定の方向に走っているのが分かる。これを"縦×ヨコ×縦"に組み合わせる。

Tools

・段ボール
・グルーガン
・定規
・鉛筆
・カッター

Description

01 段ボールをカットして使いやすい板状にする。初心者は図面を起こすと安心。

02 断面が縦×ヨコ×縦になるよう3枚を貼り合わせ、ボックスの一面にする。それらを糊で接着して組み立てる。

03 縦×ヨコ×縦の効果で強度が増し、本の収納も可能に。

IDEA 03 自作のリユース・アートでアヴァンギャルドな空間に

せっかくつくったアートも、しまいっぱなしでは無意味！ 現代アート作品を飾ったリビングに堂々と並べて飾ると、なかなかの迫力。「友人たちを招くときなど、話題のタネにもなりますよ」。気後れは禁物ということ。

壁の絵画と天井の照明はアーティストの作品。丸いテーブル上のオブジェと、モニクさんが座るスツールは、モニクさんの手づくり作品。

ほかにもたくさん！ 自作アートの数々

ネスプレッソの空きカプセルでつくったミニタペストリーを、赤いソファの背にかけて。段ボールでつくったチェアは鳥居がモチーフ。ネスプレッソの箱も、細く切って縦と横に編めばこの通り、オブジェ風。

モニクさん寝室。鏡とその下の旅行用家具は、家族から譲り受けたアンティーク。壁に3枚飾ったアートはモニクさんの作品。

Easy DIY ideas

ほんの少しの作業で、インテリアが変わる！
プチデコレーション・アイデア

ドリルやペンキがなくても、DIYはできる！
手持ちの家具や雑貨を組み合わせたり、
マーカーで線を引いたりするだけの、簡単アイデア集。

鏡を載せるだけの簡単ドレッサー

わざわざ既製品を買わなくても、手持ちの鏡を台の上に載せれば個性的なドレッサーに早変わり。レティシアさんは、「IKEA」のキャビネットの上に、ベビーピンクでペイントした古い鏡を載せて。マリーさんの長女ルーシーさんは、おもちゃ入れに使っていた木箱の上に、切りっぱなしの鏡を載せて。

古いカバンもクロスを掛けるだけで再生！

古い旅行トランクにテーブルセンターを掛けて、ソファコーナーのテーブルにしているパトリシアさん。トランクの中にはテーブルクロスが収納できて実用的。

カットして塗るだけ ネームプレート

パトリシアさん宅のリビング壁の飾り棚は、子供の人数分と同じ引き出しがある。ガーデン用のハサミで薄いベニヤ板をカットして、絵の具でイニシャルを描き、リボンで取っ手に結んで、名札を付けた。

タッセルを、ドアノブ代わりに

クロゼット扉のノブが外れて穴があいてしまったので、タッセルを通してノブ代わりに。扉の後ろ側でタッセルを結んで留めている（オードレイさん宅）。

マジック1本で、椅子もレコードもリメイク！

壁のワンポイントになっているレコードは、ジュスティーヌさんの妹のベリーヌさんが、白いペンで柄を書き込んだ。マリーさん宅のダイニングチェア2脚は、2人の娘が赤ちゃんの頃から愛用している調節機能付きのもの。うち1脚は、ペンで柄を描きこんでアレンジ。実は子供の落書きなのだそう！

D.I.Y. CASE 12
Louise

27㎡の子供部屋を大胆リノベーション

実家のひと部屋を
賃貸用のワンルームに改装する、
斬新アイデアの数々

PROFILE

ルイーズ・ボーンステンさん

大学生。画家の父と、フォトギャラリー「シットダウン」経営者の母との3人暮らしから独立したばかり。ワンルームHP
https://www.airbnb.fr/rooms/2600829
ギャラリー sit down http://www.sitdown.fr

DATA

住まいの形態：アパルトマン
広　　さ：27㎡
間取り：1 リビングベッドルーム
居住人数：2人部屋としてレンタル

ベッド両脇、左右対称につくった本棚には、本だけでなくアートもディスプレイ。すべて母、フランソワーズさんのコレクション。

1	2

1. ドアの向こうは家族の住むアパルトマン。カギがかかってはいるが、重量感のあるキャビネットを置くことでよりしっかりとセパレート。2. ベッドの両脇の壁に本棚を取り付けた。左右対称の安定感は、飾り棚としても効果抜群。深い色でペイントした壁が奥行きを強調。

1. デスク用の脚とガラス板を組み合わせたシンプルデスク。どちらもDIYショップで購入。ガラス板は店で好みの大きさにカットしてもらった。2. お母さんがコレクションするアート、ヴィンテージ家具、モダンデザインをミックスしたインテリア。色のバランスも絶妙な一角。

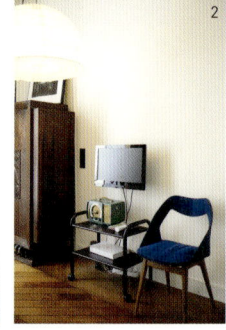

「娘が巣立ったあとの部屋を改装して、賃貸できるワンルームにつくり替えよう！」そう発案したのは、ルイーズさんのお母さん。ルイーズさんは現在大学生。以前は両親とともに暮らしていたが、大学入学と同時に念願の1人暮らしをすることに。そこで、彼女のベッドルームを改装するアイデアが浮上した。
　「母はギャラリーオーナーなので、デザインや建築に関する見識も豊富です。27㎡を快適なワンルームにするさまざまな工夫は、次々と浮かんできたんですよ」と、ルイーズさん。その工夫のなかでももっとも斬新なのは、キッチンをクロゼットに内蔵するアイデア！　生活感の出やすいキッチンを隠してしまうという発想で、ワンルームのインテリアをスタイリッシュにまとめることが可能に。
　「工事の大部分はプロに依頼しましたが、スイッチパネルを選んだり、ペンキの色やメーカーを決めたり、細部にまで私たちのこだわりがつまっています。ベッドヘッドのペイントは、私が担当しました。深い色で奥行きを出したところが、自分なりに気に入っています」。
　ブラウンのシックな色づかいは、ヴィンテージ家具とも好相性だ。

IDEA 01 クロゼットにキッチンを内蔵

クロゼットに内蔵したキッチンは欲張らないサイズ感。家電、道具類は1～2人暮らし用を念頭に選択。基本機能を備えたコンパクトな家電を選ぶことで、面積の限られたキッチンに必要な家電類をすべて収めている。

① 手持ちのボックスを再利用

母のギャラリーで使用したスチール製のロッカー4つを2段に重ねて、ワークトップ下の収納に再利用。丈夫な上、油やワインをこぼしても掃除が簡単なので、意外にも重宝している。

② 扉裏にミラーを。省スペース実現！

ファッションチェックに欠かせないおしゃれの必需品の姿見も、クロゼットの扉の裏側にしっかり完備してる。生活に必要ないっさいをクロゼットの中にしまい込んで、スッキリ広いワンルームを実現。

③ クロゼットのシステムを活かす

クロゼットにもともと付いていた棚受けを活かして、ワークトップを設置。おかげでDIYの手間が大いに省けた。ワークトップは「IKEA」のもの。店でサイズ指定し、カットしてもらった。

左の扉を開けると、玄関とトイレ、バスルーム。右の扉はクロゼット。中央の観音開きのうしろに、キッチンが隠れている。キッチンを使うときだけ扉を開けて、使用後は扉を閉じてしまえばスッキリとしたワンルームに早変わり。

IDEA 02 コンパクトなバスルームは鏡を使って広く見せる

あえて無機的に、装飾を抑えたバスルームの目玉は鏡張りのフレンチ窓。もともとは普通のガラス窓だったが、外の眺めが特にいいわけでもないので、本来ならガラスの入る部分を鏡張りにし、1カ所だけ小窓を付けた。

小窓をつくって換気も万全

洗面台の鏡として使いながら、面積が広いので姿見としても活用。1枚だけ窓のように開けられるつくりにし、簡単に換気ができるよう工夫した。鏡の取り付けは、知り合いの職人に依頼。ホテルなどでよく使われるテクニックとのこと。

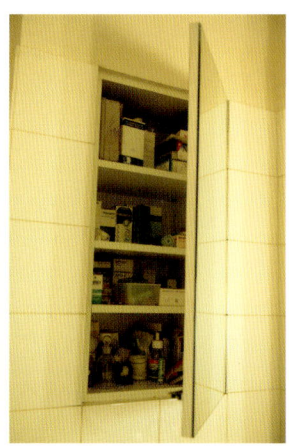

収納の扉も鏡で統一

タイル貼りの壁に造り付けた棚の扉も、鏡張りに。洗面台の鏡としても使えるちょうど良い高さにあるのがポイント。中には消毒薬や絆創膏、頭痛薬など、基本的な薬を収めている。

CHAPTER

2

DIY in PARIS

diy shops

お役立ち！
パリと日本のDIYショップ

おしゃれで便利なDIYグッズが見つかる店を
フランスと日本から厳選。
パリのアドレス3軒は、ひと味違った
お土産さがしにも。

DIY shops in FRANCE
フランス編

朝9時前、店頭には開店を待つ人々が

「ポンピドーセンター」のすぐ隣という好立地。9時の開店を待つパリジャンたちにまぎれて、プロの現場職人とおぼしき面々も。誰にとっても頼れる存在。

フランス最大の日曜大工ショップ

LEROY MERLIN
ルロワ・メルラン

初心者も、プロも納得の大型日曜大工店の代表格

　DIYをする人もしない人も、知らない人はいない有名店。これまでは郊外の大型店がメインだったが、近年パリの中心部にもショップを展開。そのくらい日曜大工店のニーズは高まっており、パリの人々にとってDIYは欠かせないたしなみだ。ここ、「ルロワ・メルラン・パリ・ボーブール店」も、小さなネジや乾電池にはじまって、フローリング材、バスタブなどなど、幅の広い品ぞろえが自慢。パリのDIYパワーを肌で感じられる場所でもある。

「フランスには大型日曜大工店がいくつもありますが、規模と売り上げからみて弊社がトップです」と副店長氏。1923年創業、本社はフランス北部のリール。

1
ディテールに凝りたい
欲求も大満足！

モザイクタイルを約15cm四方で一気に貼れるインスタントモザイク。壁の縁取り用レリーフ棒。門や玄関などに付ける番地用の数字。木製のスイッチやコンセントなど。

2
バスルームまでDIY！
広さ別の見本が親切

3㎡のシャワールーム＋トイレなど、広さに合わせたレイアウト例が展示されていてイメージしやすい。バスルームまでDIYでつくってしまうパリジャンのパワーに脱帽！

3
石、木、タイルetc.
内装用の素材、いろいろ

内装用の壁材もレンガや各種石材など各種あり、壁紙やペイント以外の表現が可能。フローリング売り場はDIY店の花形的存在。色や風合いだけでなく、板の厚さもさまざま。

SHOP DATA

㊟52, rue Rambuteau 75003 Paris
㊠9:00～20:00
㊡日曜
☎+33(0) 1 44 54 66 66
http://www.leroymerlin.fr

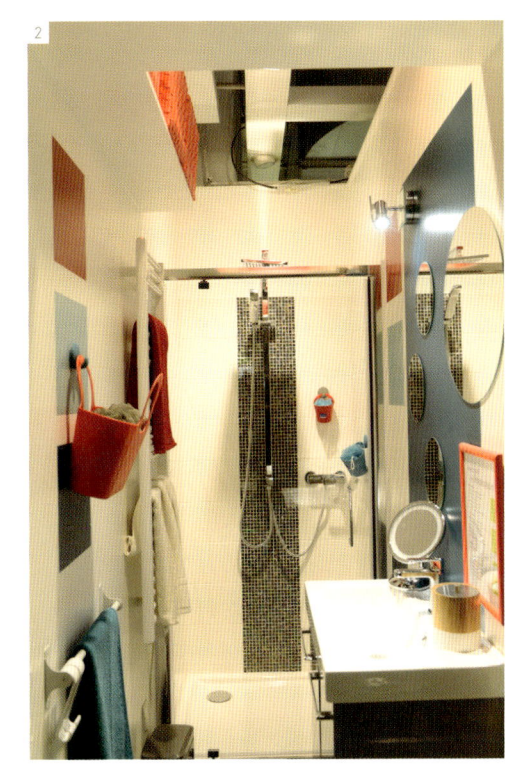

DIY shops in FRANCE

おしゃれ雑貨ショップのDIYラインナップ

La Trésorerie

ラ・トレゾーリー

SHOP DATA

⌂ 11 rue du château d'eau 75010 Paris
⏰ 11:00～19:30
休 日曜、月曜
☎ +33(0) 1 40 40 20 46
http://latresorerie.fr

「生活に必要なものすべてがそろう」がテーマ

　昔から人々の暮らしのそばにあった金物屋の、モダンデザイン版として今年オープンしたばかり。生活に必要なものすべてがそろう店として、日曜大工用品や手芸用品も扱う。環境に優しいペイントライン「earthborn」や、ヨーロッパ産のメーター売りリネンなど、DIY好きの心をくすぐる。

1 時代を超えて愛用されてきたフランスの生活雑貨や道具類のほか、手づくり生産者による食器や家具も集まるセレクトショップ。
2 共同経営者のリノ・ランドーさん、ドゥニ・ジェフローさん、エルサ・クリスタルさん。
3 ベルギーのリネン、イギリスの「アースボーンペイント」社のペンキ、木工用ニスなどをそろえたDIYコーナー。

DIY売り場充実のデパート

BHV
ベー アッシュ ヴェー

SHOP DATA

住) 52, rue de Rivoli 75189 Paris
営) 9:30〜20:00
　（水曜のみ〜21:00）
休) 日曜
☎＋33(0) 977 401 400
http://www.bhv.fr

細かいパーツがそろう手づくり派の聖地

「パリの東急ハンズ」ともいわれるベーアッシュヴェーは、手づくり大好き男女の頼もしい味方。地下1階に広がるDIY売り場には、日曜大工の道具のほかに、引き出しの取っ手やつまみ、手づくり愛好家のための各種グッズが集合。修理もクリエイティブも、ここに行けば材料が見つかる。

1 店内の家具展示もDIYテイストが満点。どの売り場を歩いてもDIYのヒントに出合える。壁に箱や額を取り付けるディスプレイが人気。2 ブリコラージュ（日曜大工）売り場は地下のフロア。ウェブサイトでもDo It Yourselfのコンテンツを展開している。http://www.bhv.fr/category/do-it-yourself/ 3 パリ市庁舎のすぐ隣。

DIY shops in **JAPAN**
日本編

ORNÉ DE FEUILLES
オルネ ド フォイユ

　フランスを中心としたヨーロッパのインテリアアイテムがそろう店内。DIY向けにはフレームや椅子など、ちょっとしたもののペイントに便利なミニサイズのオリジナルペイントを用意。低光沢で、やわらかな質感のペイントはメンテナンスも簡単。復刻したリモージュ焼きのフックなど珍しい商品もチェックしたい。

SHOP DATA
(住)(青山店)東京都渋谷区渋谷2-3-3
青山Oビル1F
☎03-3499-0140
(営)11:00～19:30（日・祝は～19:00)
(休)月曜（祝日の場合は営業）
http://www.ornedefeuilles.com/

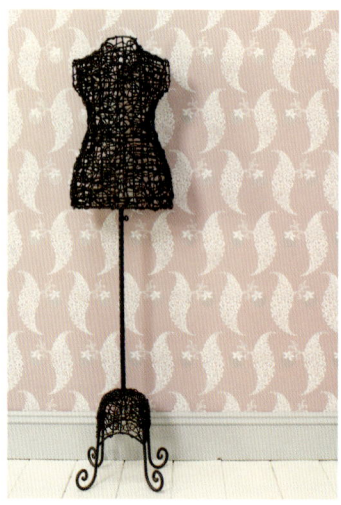

COLOR WORKS
カラーワークス

　多彩なカラーのペイントや壁紙を扱い、色で生活を豊かにすることを提案。商品のひとつである「FARROW & BALL」の壁紙は1点、1点が職人による手づくり。高品質の顔料と豊富な樹脂を最大限に使用したペイントと壁紙は独特で繊細な風合い。インテリアに深みを加えたい人におすすめ。

SHOP DATA
(住)東京都千代田区東神田1-14-2
パレットビル
☎03-3864-0820
(営)10:00～18:00
(休)日曜・祝日
http://www.colorworks.co.jp

PINE GRAIN
パイン グレイン

　3階建ての古い作業所を改装した店舗。1階では古材、レンガ、タイルなどの建材、2階はドア、金具類、キッチン小物など、3階は照明器具、ステンドグラスというようにフロアごとに多彩なアイテムを展開。古材やテラコッタタイル、ブリックなどインテリアの＋αアイテムとして活用できる掘り出し物が見つかる。

SHOP DATA
東京都品川区荏原5-11-17
03-6426-1634
11:00～19:00
水曜
http://www.pinegrain.jp

GALLUP
ギャラップ

　イギリス製の「BRIWAX」は、手軽に塗装ができ、質感も良く空間の雰囲気を際立たせてくれる便利なアイテム。ほかにもオリジナル加工のフローリングをはじめ、古材、フックやノブなどの金物、古いドアや窓といったDIYに使える材料を豊富に取りそろえる。個性的なパーツを探したいときに役立つショップ。

SHOP DATA
（イーストショールーム）
東京都江東区富岡2-4-4 1F
03-5639-9633
10:00～19:00
年末年始
http://www.thegallup.com/

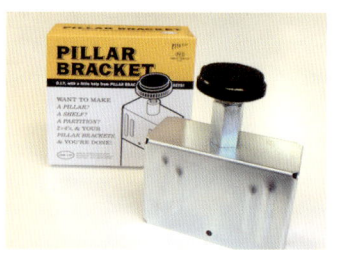

DIY shops in
JAPAN

PFS PARTS CENTER
パシフィック ファニチャーサービス パーツセンター

　ディテールをとことん追求したい、そんなこだわり派におすすめのショップ。スタッフが実際に使って「便利、心地よい」と感じた各種パーツのなかには、ドライバー1本で簡単にDIYができてしまう商品も豊富。商品を使ったDIYの実例も展示してあり、製作のヒントもスタッフが丁寧に教えてくれる。

SHOP DATA
東京都渋谷区恵比寿南1-17-5
03-3719-8935
11:00～20:00
火曜
http://pfservice.co.jp

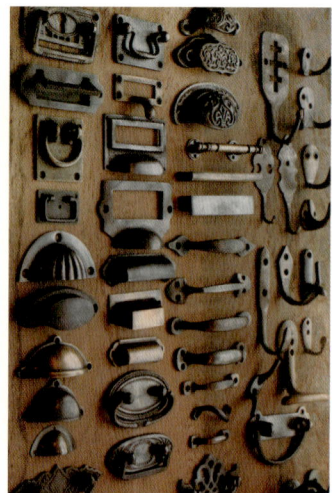

DEMODE FUKUNAKA
デモデ フクナカ

　商品の主体は懐かしさを感じさせる昭和の家具。デスクや本棚など普段づかい出来るものから、ショーケースなどの店舗什器や電笠までバリエーションは豊富。ディスプレイに使える土物の器や、取っ手やつまみなどのアンティークパーツ、無垢の真鍮製の金具など、温かみある住まいづくりに活用したいショップ。

SHOP DATA
東京都福生市熊川1148-4
042-553-3981
11:00～20:00
無休
http://www.demode-furniture.net/fukunaka/

MALTO
マルト

　世界中から輸入したインテリア雑貨とアンティーク家具、什器、DIY内装パーツなどを扱うショップは、おとぎの国から飛び出したようにキュート。DIYに人気のアンティーク調の取っ手・フック・ドアノブやタイルなどの内装材料は、ほとんどがオリジナル。300種類以上の豊富なデザインと素材がそろう。

SHOP DATA

☎ 東京都杉並区高円寺南2-20-17
☎ 03-3318-7711
⌚ 12:00～20:00
休 無休
http://www.salhouse.com/

JUNK & RUSTIC COLORS
ジャンク アンド ラスティック カラーズ

　家具や什器、ウィンドウ、ドアといった大物アイテムから照明・金物類・スイッチプレートといったパーツまで、DIYに使える製品が常時1,000点以上そろう。

　家具や什器、ウィンドウなどならペイントしてカスタマイズしてもよし、個性的な照明、スイッチプレートならそのまま部屋のアクセントとして使っても。

SHOP DATA

☎ 神奈川県川崎市高津区二子1-10-2
☎ 044-814-1049
⌚ 10:00～17:00
休 水曜
http://www.shinko-colors.co.jp/ecc

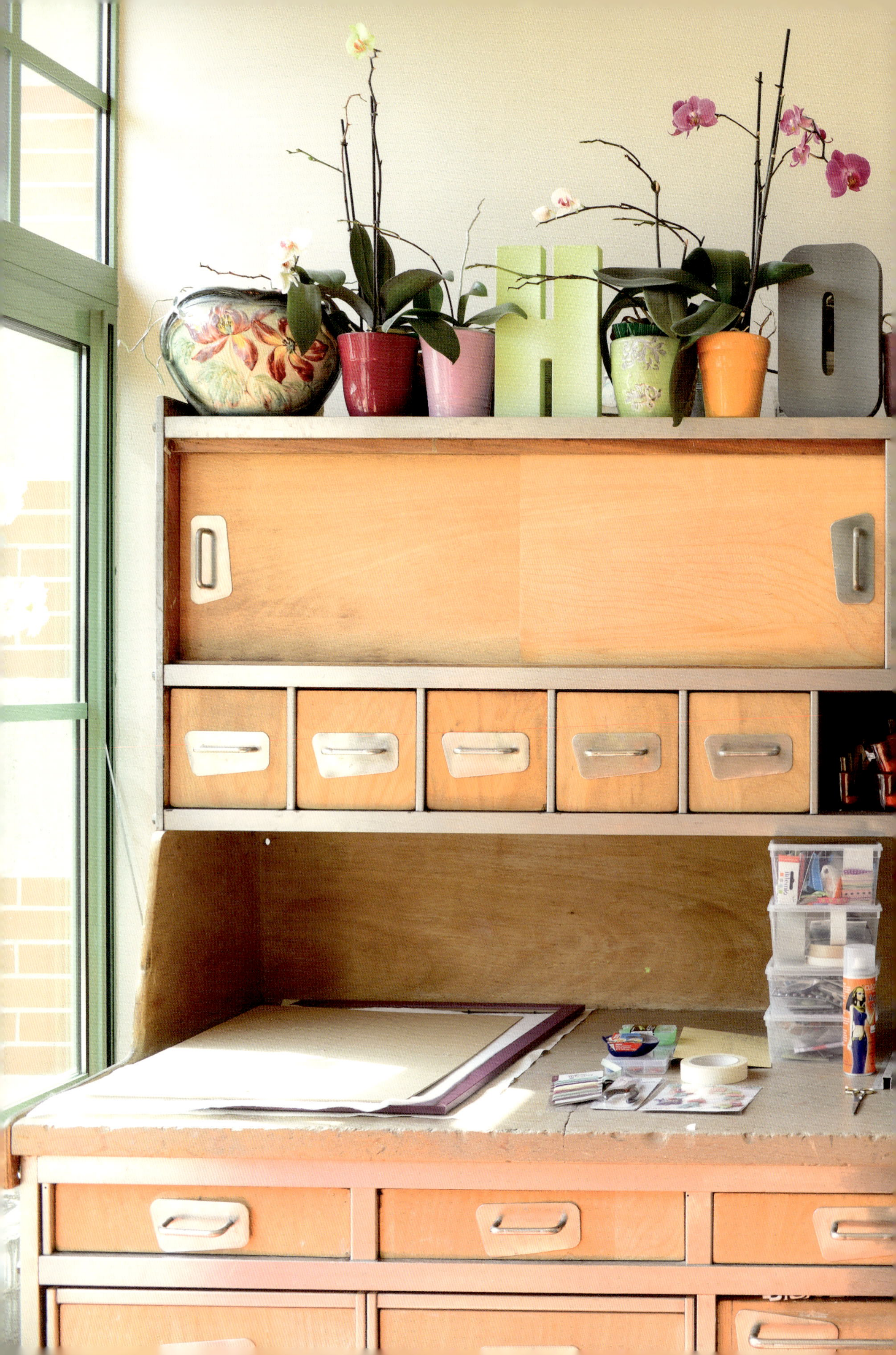

Très sympa de faire le bricolage !

フレンチ、ナチュラル、ヴィンテージ…おしゃれに暮らすアイデア
DIYでつくるパリのインテリア

発行日：2014年10月22日
著　者　　角野恵子　森 聖加
発行者　　澤井聖一
発行所　　株式会社エクスナレッジ
　　　　　〒106-0032
　　　　　東京都港区六本木7-2-26
問い合わせ先　編集　Tel：03-3403-6796
　　　　　　　　　　Fax：03-3403-1345
　　　　　　　　　　info@xknowledge.co.jp
　　　　　　　販売　Tel：03-3403-1321
　　　　　　　　　　Fax：03-3403-1829

無断転載の禁止
本誌掲載記事(本文、図表、イラストなど)を当社および著作権者の承諾なしに無断で転載(翻訳、複写、データベースへの入力、インターネットでの掲載など)することを禁じます。

著者

角野恵子（Keiko SUMINO-LEBLANC）
1997年からパリ在住。食とライフスタイルのライター＆コーディネーターとして、日本とフランスの雑誌、WEBなどで活躍。パリのコンテンポラリーな情報を発信するユニット、société bonne名で『パリで「うちごはん」そして、おいしい おみやげ』（重信初江氏との共著／小学館 2008）がある。
http://keikoparis.exblog.jp

森 聖加（Seika Mori）
フリーランスの編集者、ライター。東京都出身。国際基督教大学卒業。住宅やホテルなどの空間デザイン、地域文化などのジャンルに強く、「MY HOME ＋」（エクスナレッジ）「都心に住む」（リクルートホールディングス）などを手掛ける。本書の企画、編集・制作も担当。

写真

松永 学（Manabu Matsunaga）
日本デザインセンターを経て、その後パリに移住。雑誌を中心にルポルタージュやポートレイトなどで幅広く活躍。12ヶ月連続発刊の写真集〝Carnet D'images〟（l'heure dite,2014）http://www.lheuredite.com/Manabu/Carnets.html が好評。
http://www.manabu-matsunaga.com